感激的力量

[美] 诺伊尔·C·尼尔森 博士　珍妮·勒马尔·卡拉巴 博士 著

苏芳 译

抱怨和不满让你失去的，感激会让你得到！

北京联合出版公司

图书在版编目（CIP）数据

感激的力量/（美）尼尔森，（美）卡拉巴著；苏芳译. —北京：北京联合出版公司，2011. 8

ISBN 978-7-5502-0285-6

Ⅰ. ①感…　Ⅱ. ①尼…②卡…③苏…　Ⅲ. ①人生哲学—通俗读物　Ⅳ. ①B821-49

中国版本图书馆 CIP 数据核字（2011）第 153741 号

感激的力量

作　　者：[美] 诺伊尔 · C · 尼尔森
[美] 珍妮 · 勒马尔 · 卡拉巴

译　　者：苏芳

选题策划：北京天略图书有限公司

责任编辑：王巍

特约编辑：杨娟

责任校对：许志

北京联合出版公司出版（北京市朝阳区安华西里一区 13 号楼 2 层　100011）
北京市业和印务有限公司印刷　新华书店经销
字数 151 千字　787 毫米 × 1092 毫米　1/16　13 印张
2011 年 10 月第 1 版　2011 年 10 月第 1 次印刷
ISBN978-7-5502-0285-6
定价：25. 00 元

序

几年前，《想想自己的福气》这个书名跳进了我的脑海。我想，“这个书名挺不错的”，就把它写在了一张便利贴上，后来我就差不多快把它给忘了。

大约一年之后，我从一位朋友那儿听说，同样身为心理学家的珍妮·勒马尔·卡拉巴博士，正在进行脑波生物反馈的研究。在我的治疗实践中，我一直在运用冥想和引导观想法来帮助人们做出生活中的重大改变，并取得了很大的成功。我很想知道，人们在能导致生活改变的认知与理解的转变中的意识水平，是否会以某种方式反映在脑波活动中。

因此，我给珍妮打电话介绍我自己，并问她，我是否可以和她一起探索脑波活动。她同意了；在接下来的两个月里，我们一起研究我的脑波，并相互了解，十分快乐。是的，我们确实发现，在冥想和其他“异常状态”下，脑波活动出现了明显的变化；不过，我并不是特别想进入一个全新的研究领域。故事就这么结束了——至少我是这么想的。

在我作为审判顾问和心理治疗师的工作中，我越来越发现，对生活总体上抱有乐观、积极和感激态度的人，比起那些对事情采取更加消极和不满态度的人来，整体的满意度和成就感更高。

根据我为《赢家通吃：二十一世纪个人成功指南》一书所做的研究，我发现，各行各业的成功者其与众不同的特点，就是那种在其他人感到绝望的境遇中依然能够感激的非凡能力。

通过对家庭暴力的研究，我发现，与那些虐待者不同，非虐待者都是“感激者”——也就是说，他们珍惜和感谢他们自己、其他人和生活本身；这时，我对于感激在我们的成功和幸福之中可以起到的作用产生了更大的兴趣。

两年之后，我已经开始有意识地在我的实践中运用感激去帮助人们改变他们的内心环境（如何思考和感受）和外部环境（与周围的人和世界的各种关系），而且成效显著。

有一天，我盯着我的便利贴，沉思着，“我想知道当人们在历数自己的幸福，当人们在感激的时候，大脑是否显示出了截然不同的活动。”我的直觉是，如果真是这样，那么它很可能与我们冥想时的脑波活动非常相似。

所以，我给珍妮打电话，问她：“我们可以看一下我感激时的脑波活动吗？”

珍妮（她真是不错的朋友）说：“当然可以。”她给我插上电极，连上她电脑里的脑电图软件，做了个基准测量，然后让我进入一种感激的状态。

我全心全意地感激着，珍妮在旁边观察电脑屏幕，并做笔记。

过了很长一段时间，珍妮说：“嗯，你的脑波有变化。你的注意力在提高，你的脑波看起来在与之同步。”

“怎样同步？在做什么？”我激动地问。

“我没有精密的设备，所以说不出更确切的东西。”珍妮谨慎地回答说，“但看起来呈现出了某种模式。”

这时，我的兴趣真正被激发起来了。虽然不知道发生了什么事，但我们有种强烈的感觉：我们明白了某些事。如果感激能改变脑波的活动，那么（考虑到众所周知的思维和身体之间的联系）我们预计，感激可以对身体产生有益的影响——就像压力、愤怒和憎恨会产生消极影响一样。不仅如此，由于脑波可以是情绪状态的一种反应，那么，感激可能还会对你如何看待周围的世界、你与周围世界的关系以及你如何感受等等产生积极的影响。

我们开始查阅所有能找到的关于感激对身体的影响的科学研究成果。令人高兴的是，我们发现，很多研究人员都对各种情绪状态下的生理活动（尤其是心率的变化和脑波活动）进行了测量；他们发现，在感激的状态下，人的思想、心脏和身体都会有好的变化：你的心率放慢，你的血压下降，你的消化也得到了改善。你感到更加平静，你的压力变小了，你的免疫系统也会增强。

然而，我们发现，很少有人进行更进一步的关键研究——如何积极地运用感激去改变生活环境——或者说，很少有研究能回答下列问题：

- 如何运用感激改善健康状况、人际关系以及工作状态？
- 如何有意识地运用感激获得成功和快乐？
- 如何运用感激去转变具有挑战性的情形，实现生活的变化，或解决危机？

在此后的三年里，当珍妮和我在探索如何有目的地运用感激来实现我们自己以及患者生活中的改变的过程中，我们发现了它真正的振动本质——就是说，我们发现感激是一种能量，是一种力量的源泉，你可以用它来转变生活中那些没能给你带来你所追求的快乐和成就的方面，也可以用它来使你的生活变得更美好。

根据感激的振动特点，我们开发了许多技巧和工具。我们在客户、朋友以及感激小组的优秀成员们的合作和帮助下，对这些技巧和工具进行了测试。我们建立了一些支持小组，作为人们分享他们关于感激的思想、观点的一个论坛；让他们在其中学习如何积极地、有目的地运用感激；让他们在学习如何运用感激的能量时，互相交流、给予力量、合力攻关、解决疑难，并相互支持。

在这个过程中，我们发现感激不仅确实起作用，而且，它的作用是惊人的、出乎意料的。感激小组的成员们运用感激来消除以往的憎恨，实现与家人和所爱的人的全新关系，获得升职，赢得自尊，改善身体状况，以及实现我们在书中描述的其他一些目标。

我们的客户、朋友和感激小组的成员们让我们领略到的感激所具有的改变生活的力量，比我们自己发现的还要多。在他们的帮助下，我们认识到感激是一种超凡有效的方式，它能够激发你自己最好的一面，激发你的伴侣、同事和玩伴最好的一面，使你的生活达到最佳状态。感激会改变你感知和解读发生在你身上的事情的方式。这一新的视角会改变你对事件和情形的反应方式，而这反过来也会改变世界和身在其中的人们对你的反应方式。

和我们一起工作的人们不断向我们显示，感激是如何为他们提供了各种通向成功、爱、欢乐和富足的全新的可能性，并使我们相信，感激对每一个与之产生联系的人都带来了益处。感激没有消极面；不仅如此，我们通过实践经验认识到，感激是一种磁石，能把你想要的东西拉向你——不论是一份超棒的新工作，重获新生的婚姻，还是改善的健康、活力以及幸福。现在，我们将满怀欣喜——以及深深的感激——和你一起分享我们认识到的感激的所有无穷力量。

诺伊尔·C·尼尔森

珍妮·勒马尔·卡拉巴

目　录

第3章 做一个会感激的人

当感激不再是你偶尔为之的行为,而成为你的基本生活方式时,它的力量才是最强大的。当感激成为你看待生活的镜头时,你就能收获其不可估量的硕果……

第4章　运用感激来转变情形并吸引想要的结果

你无法运用感激的能量去迫使任何人或任何事听从你的召唤。你所能做的——这就是魔力所在——是对你想要的东西发射一种感激振动。正是你所发射的强烈振动，才使得那些与其相应的经历有了与你取得一致的可能性……

第5章　运用感激的五个步骤：以挣更多的钱为例

感激的能量，可以为你带来你真正渴望的任何东西，可以转变不理想的情形，或吸引来全新的、积极的体验……

第6章　在爱情婚姻关系中运用感激

当人们最初坠入爱河并海誓山盟的时候，他们会说："跟他或她在一起，我就像到了天堂，我们会永远幸福地在一起。"那么，当初的美妙关系后来为什么变味儿了呢？因为我们太笨？太天真？误入歧途了？不。我们只是不再感激了。感激可以让爱复苏……

第 7 章　运用感激获得富有回报和成就感的工作

当你透过感激的镜头看待工作时,工作会变得轻松顺畅起来,并且你会和同事、老板、客户一起致力于共同目标。感激有助于你认识到你的价值,认识到你能对更大格局做出的贡献。有了感激,工作就不再是苦差事……

第 8 章　你的孩子与感激

感激无法解决孩子们的所有问题和困境,因为生活远比那复杂得多。然而,感激可以为孩子们提供一个至关重要的基础,使他们能够获得快乐生活的潜能,以及更成功地面对生活挑战的本领……

第 9 章　运用感激获得健康

你如何看待并解读生活里的各种事和人——包括你自己——

第1章

感激具有改变的力量

什么是感激

当你想到感激时，首先想到的是什么？或许是你应该做的事情，比如，“感激有房子住吧，有的人还没有呢”；或者是你没有做到的事情，比如，“我为你做了这么多，你一点都不感激！”

在童年时代，我们大多数人都被父母这样愤怒地呵斥过。如果你有孩子，可能你自己也对孩子这样喊叫过。尽管呵斥或受到呵斥都令人不快，但这能让人明白感激的真正含义。

当你对自己的孩子大吼“我为你做了这么多，你一点都不感激”时，你的意思是“你不感谢我为你做的事情。你不珍惜我为你做的事情。你没有看到这件事情的价值，没有看到它多么有意义或多么重要。”结果就是，你觉得自己不被感激。

你或许也会因为同样的原因，觉得未被你的老板、女友、男友、家人、丈夫、妻子、朋友、恋人、同事等等你打过交道的人感激。重要的是，你感到自己为一个人做的事情不被这个人珍惜，他或她因而也不感激。

当你感到被孩子、老板、恋人、婆婆、岳母或者朋友感激时，会怎么样呢？你会感觉心灵在飞翔！你感觉自己对那个人很重要；你觉得自己很能干，很开心。同样，当你对别人表示感激时，别人也会有这样的体验。

当你决定感激别人或所发生的事情时，你不会希望他们受到伤害，而且你不会对他们造成伤害。相反，你会关怀、支持和爱他们。结果就是，他们——和你——就都改变了。

感激的新定义

本书介绍了一贯的、积极主动的感激所具有的改变的力量，它可以使你的生活从“好”变为“非常好”，从麻烦不断变为喜悦连连，从苦苦挣扎变为如愿以偿。通过这本书，你将学会一种感激，它将从各个方面改变你的人生态度。

你将学会如何运用这种能量，它不是那种通常出于义务而不得不做出的感激，也不是为了表明政治或社会立场正确而做出的感激，甚至不是那种虽发自肺腑但过后就忘的感激，而是来自于一种完全不同类型的感激。

哪种感激能改变你的生活呢？是那种包含着两个重要组成部分的感激：感谢和珍惜。正是感谢与珍惜的结合，才使得感激作为一种能量具备了改变人生的力量。

感谢

感谢是一种接受性的能量。它动用的是你的心。在令人高兴的事情发生之后，你会感到或表达感谢。一位朋友帮助你摆脱了困境，你会感谢。你注意到了生活中的好事，你会感谢。大多数人在说到“感激”时，想到的是感谢。一些精神领袖、作家都赞美过感谢以及“感谢的态度”所带来的益处。

珍惜

珍惜是一种具有动力的能量。它动用的是你的大脑。当你珍惜一个人或一件事时，你会主动运用你的大脑去思考它为什么重要、对你有什么价值。

由于你可以自己选择自己思考什么，所以，对一个人或一件事，你可以有意识地选择珍惜而非贬低的想法。有意识地选择珍惜自己生活中的人和事，你才有可能主动去感激。你不必等待好事发生之后才开始珍惜。你可以选择在一个人或一件事对你的生活有所助益之前就珍惜他们。

这种主动珍惜的行为，会把感谢从一种“事后”的情感表达，转变为一种“事前”对能量的有意运用。这就是感激的能量！

感激作为一种能量

当你不再认为感激是一种事后表达的感谢之情，并开始把感激视为一种可以有意识地主动运用的能量时，它就成了一种完全不同的体验。从这一点来说，感激可以比作电能。电可以看作一种简单的工具：为了对付黑暗，当你想要光时就会打开开关。或者，电可以看作一种能量，是有很多用途的能量源。感激也是如此。你可以把感激视为一种对你要感谢的事情的反应，也可以把感激视为一种能量，一种可以像电一样有很多用途的力量之源。下面就是几个例子：

- 利用感激的力量改变你的身体对压力的反应，促进身体健康，改善免疫系统，带来更多活力，使身体更快恢复。
- 利用感激的力量提高你对家庭和工作的满足感和喜悦感，改善人际关系，给生活带来更多的爱，减少冲突，并增进合作。
- 利用感激增强自尊和自信，并更好地应对变化或危机。
- 集中感激的能量，以获得财富和成功。
- 利用感激的力量在你的生活中建立新的人际关系，无论是浪漫关系还是其他人际关系。

有意识、有目的、积极主动地运用感激，几乎可以把任何一种体验——无论多么具有挑战性——都转变成你会珍惜和感谢的经历。掌握感激的能量，可以颠覆你的世界。它完全可以给你的生活创造神奇。

感激小组

2001 年 8 月，我们邀请了七个人，组成一个感激小组。我们让小组成员从他们的生活中选择一件自己希望改变或达成的事。我们用了六个星期的时间，运用本书中介绍的技巧，教他们如何使用感激来实现目标。一位成员想要改善与青春期的女儿的关系，他的女儿做事不顾后果，而且拒绝跟他说话。另一位成员在工作中遇到严重挫折，她想用感激来消除自己对职位下调的怨恨，并帮助她的职业生涯重回正轨。还有一位成员哀叹自己的生活缺少爱，并希望填补爱的空白。

结果超出了我们的预期。不仅所有的小组成员都成功实现了目标，而且让我们对感激的力量有了更多的了解，那比我们以前知道的要多得多。正如一位小组成员艾琳告诉我们的：

“我发现，我可以像利用氧气一样来利用感激：用其为我的人际关系和我想在生活中达成的目标注入活力。如果每个人都这样做，我相信对世界的影响将是惊人的——更多的爱，更少的战争，以及更多的理解。”

另一位小组成员西尔维娅说：

“感激给我带来的远远不止是一段新的浪漫关系，它还改变了我对自己和生活的感受。现在，我的心中充满了平静和深深的安全感，这使我生活中所有的事情都变得更简单、更美好了。我没想到会这样。”

从那以后，我们就一直与感激小组一起工作，不断开发并改进我们的技巧。我们很高兴在后面的章节里与您分享运用感激的能量的方法。

第2章

感激的能量

要理解感激的力量，就要认识到所有的生命——包括你自己——都首先是并且主要是一种能量。不论是一把椅子、一条狗，还是你的情绪，都是不同形式的能量：无生命的事物（椅子）、有生命的生物（狗），以及一种精神状态（你的情绪）。

所有这些能量都表现为振动，而且这种振动是可以用频率——每秒钟振动的次数——来测量的。有些振动是感觉不到的，比如地球的节律（大约是7.5赫兹或每秒7.5次）。而有些振动很容易被我们感觉到，比如振动频率为16~20000赫兹的乐音。正如查尔斯·泰勒在《乐声的物理学》中指出的那样，我们不仅能听到这些音调，而且经常能够在身体里感受到它们。

你自己也有一个振动频率，这本书也有一个振动频率，正如你脑海里浮现的想法以及今天早上老板的恶劣态度也有其振动频率一样。所有的东西，不论看上去是实体的（有生命的生物以及无生命的物体），还是无形的（思想和感受），都有一个振动频率。感激的能量也是通过其振动频率表现出来的。

感激所具有的强大振动频率

感激的振动频率具有强大的影响，正如日本的江本胜博士所表明的那样，他研究了思想、感觉以及音乐对水的晶体结构的影响。在江本胜博士的《水知道答案》一书中，他和他的团队用一架高能显微镜，拍摄并仔细观察了暴露于不同现象前后的冰结晶体的形成。例如，江本胜博士对试管里的水说一些“爱和感激”的话，把水冻成冰并进行观察，然后与其他条件完全相同但没对其说过话的水进行比较。结果令人很震惊，如下一页的图片所示。

第一张照片（图 1）显示的，是从由蒸馏水形成的晶体中随机选择的一个样本。晶体的形状相对不整齐，质感朦胧、模糊。

第二张照片（图 2）显示的，是从对其说过“爱和感激”的话后形成的晶体中随机选择的一个样本。晶体的结构非常清晰、精细、复杂，并带有美丽的花边。

然后，江本胜博士对另外一个试管中的水说：“你让我恶心。我要杀了你。”正如你在第三张照片（图 3）中看到的那样，这种话对水的晶体结构产生了截然不同的影响。江本胜博士将这种晶体描述为“扭曲的、向内爆裂的和分散的”。它的结

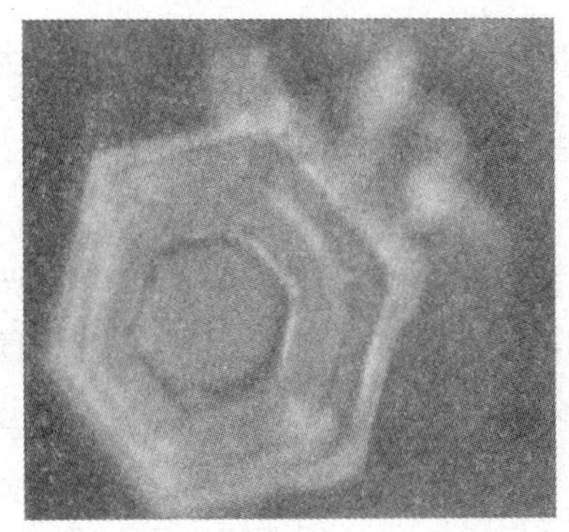

图1　蒸馏水

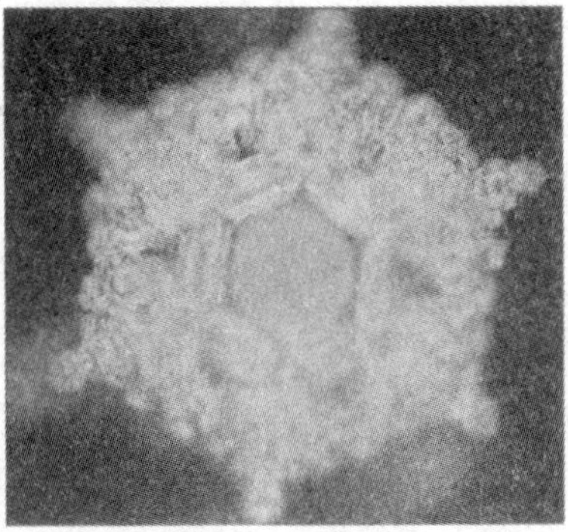

图2　感激

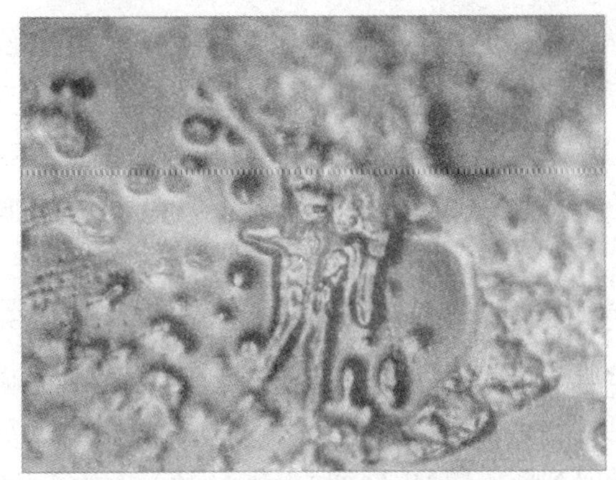

图3　“你让我恶心。我要杀了你。”

水的晶体结构的振动效果

构混乱、不清晰，与“爱和感激”晶体的纯净之美没有丝毫相同之处。

如果话语的不同振动频率能够对水的晶体结构产生如此巨大的影响，想象一下，目的明确的感激振动会对你的生活产生多大的影响啊！

不同的话语是怎样对水的结构产生影响的呢？如果你相信所有事物从本质上来讲都是能量，并且所有事物都可以在能量的层面上互动的话，这种现象就可以理解了（这种在能量层面上的互动是通过振动频率的相互影响而产生的，华勒利·亨特在《无限的大脑：人类振动的科学》一书中讨论过这一点，乔尔·斯特海默在《基本粒子的音乐》一文中也有类似阐述）。

乔治城大学生理学和生物物理学研究教授坎迪丝·珀特博士在生物化学领域的开创性研究表明，情绪在本质上是振动性的，而且它实际上“把物质的东西与非物质的东西联系了起来”。她在《情绪分子》一书中指出，这种联系甚至会发生在细胞层面上：受体分子振动，“舞动并有节奏地等待着”情绪所发出的化学信息。

感激的改变力量得到最明显体现的，是在我们最基本的身体机能上：心脏的跳动，以及大脑的运转。在这方面，感激的影响是显而易见的。

当你感受到负面情绪（比如生气）时，你的心律是杂乱的，如图4所示；该图选自《心智算数解决方案》一书中达克·奇尔德和霍华德·马丁的研究。请注意心脏的波形是多么参差不齐、不可预测、涨落不定。

混乱或不规律的心律会在你的身体里造成连锁反应：你的血管会收缩，血压会上升。最终可能会使你患上高血压，这会大大增加你患心脏病和中风的几率。

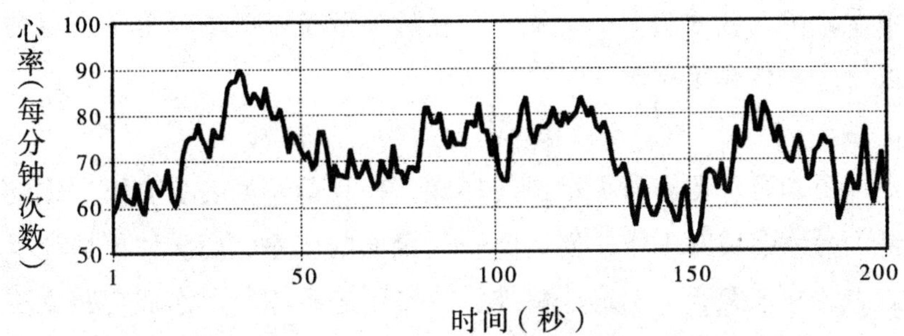

图 4　生气时你的心脏

而当你心怀感激时，你的心律在图形上显示为稳定、平均、均衡的波，如图 5 所示。它是和谐的。

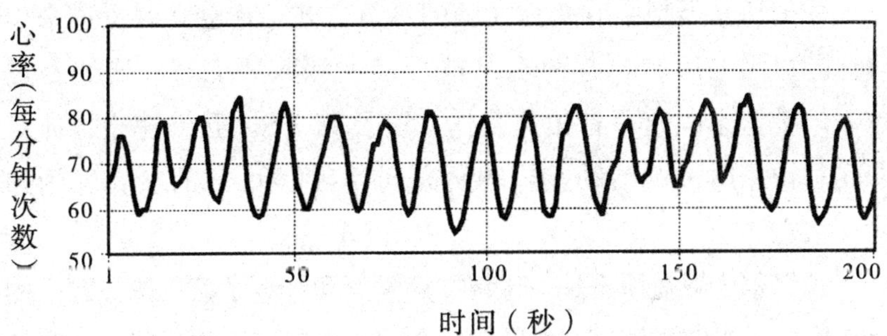

图 5　感激时你的心脏

和谐的心律能够促进心血管健康。你的免疫系统会增强，神经系统会平稳地运行，激素的平衡水平也会得到改善。汤姆，一位 40 岁的感激小组成员，讲了他的情况：

当我生气时，我能感觉到心脏砰砰地狂跳。我开始发热，并且整个身体都紧得发抖。我都不用去看医生就知道自己血压升高了。我真的没有指望感激会起什么作用。我甚至连想都没有想过它会不会起作用，直到我的医生问我是否做了一些什么跟以前不一样的事。比起上一次去看医生时，我的血压大大降低，几乎正常了。那时我才明白——是的，我的确做了一些跟以前不一样的事情。我学会了感激。

正如奇尔德和马丁指出的那样，在真诚感激的状态下，你的整个身体会协同工作，创造出一种全面的健康状态。你更加充满活力、神采奕奕。无论从精神、情绪还是身体上，你都会感觉更好。多琳，是一位27岁的感激小组成员，她这样说："我不像以前那么焦虑了。我以前大多数时候都情绪激动。我丈夫告诉我，自从开始运用感激之后，我不再那么急躁不安了。而且我不得不说，我感觉平静了许多，就好像我的神经被捋平了一样。"

你的所感所想会改变你大脑的运行方式，这会立即反过来影响你的思维的运转。这种现象被很多人深入研究过，比如丹尼尔·阿曼博士，他写有相关著作，以及M·S·乔治博士，他对悲伤和快乐时大脑活动差异的研究刊登在1995年的《美国精神病学杂志》上。

丹尼尔·阿曼博士是一位精神病学家和神经学家，他在自己的书里指出，我们的想法、感受和社会行为会直接影响到我们大脑的运行能力。他运用一种被称为"单光子发射计算机断层成像术"扫描的神经影像技术，研究了大脑的血液流动模式和我们表现出来的心理行为症状之间的相关性。在位于美国加利福尼亚州纽波特海滩的阿曼行为诊所，阿曼博士协助我们进行了单光子发射计算机断层成像术扫描分析，以比较我们在体验负面的想法和感受以及感激的想法和感受时，大脑的血液流动有没有什么明显的不同。

扫描图像显示，当你有负面的想法和感受时，大脑的血液流动整体减少，尤其是小脑区域。此外，左侧颞叶皮层的活动也降低了。

在与阿曼博士的讨论中，我们了解到，当你有负面的想法时，负责控制协调运动的小脑基本上就不能运转了。你会感到行动困难，并无法协调身体动作。用阿曼博士的话说就是："你就像一名棒球运动员，不管怎么努力避免，但总是被三振出局[①]。"你的左颞叶——大脑中使你保持平衡的那个区域——接收不到足够的血流。你会变得情绪不稳，可能会无缘无故地感到焦虑或恐惧。你的思维变得混乱，记忆会中断。你更容易生气、消沉，并作出暴力行为。心怀负面想法的后果，就是你会感到生气、充满敌意、沮丧、痛苦、焦虑、压抑，这些情绪会导致你表现出消极的、破坏性的行为。

而扫描图像显示，当你体验感激的想法和感受时，大脑的血流增加了，尤其是小脑区域。流向左颞叶的血流量也增加了。扫描图还显示出，流向扣带回[②]（中间顶部）和左侧基底神经节（右上方）的血液也有所增加，这两个区域负责帮助我们"调整"并保持适应性。

正如阿曼博士解释的那样，当你产生感激的想法时，你的大脑运转良好，就像汽车的所有汽缸都在工作。你的扣带回和左侧基底神经节都活动正常，使你灵活、协调，并积极地设定目标。你的思维清晰、集中，并能随时从一个想法转到另一个想法。你的记忆是完整的，你的小脑能受你的支配，并且你的身体是协调的、充满活力的。你的左颞叶会全速运转，使你不那么易怒、行为暴躁或消沉。

---

① strike out，三振出局。在棒球运动中，如果一个击球手三次击球不中，他就 strike out，也就是"三振出局"。所以 strike out 形容一件事做了几次也不成功。——译者注

② 扣带回是位于大脑内侧的一个解剖结构，扣带回将胼胝体不完全地包裹；在上方，扣带回为扣带沟所限。扣带回是脑的边缘系统的一部分。其功能牵涉情感、学习和记忆。——译者注

基斯，是一名感激小组的成员，他和大家分享了自己的经历：

我以前真的很偏执。我不仅等着另一只靴子落下来[①]，甚至还主动去寻找那只靴子。我很难集中注意力，而且也很难做出决定。我还以为大家都像我一样呢！我以为自己总是害怕、担心都是正常的，以为无精打采、心绪烦乱都只是21世纪生活的一部分。新闻上不是都这么说嘛。但是，我越多地感激，就越发现事情不该是这个样子。我不像以前那么忧虑了，也不再为每一件小事恐慌了。我能更清晰地思考了，能毫不迟疑地做决定了。我依然过着自己的日子，这是肯定的，但那感觉就像是我正在走出迷雾，而以前我甚至都不知道自己在迷雾里！

当你产生感激的想法时，你会感到精神振奋、开心、愉快、热情洋溢、心境平和，这会导致你做出与这些积极情绪相一致的行为。唐娜是一位感激小组成员，她说：“有时，我很难把过去的自己和现在的自己联系起来。朋友们跟我开玩笑，他们叫我‘愉快的泡泡女士’，问我把以前的那个‘恶婆子’藏到哪儿去了。我现在对事情更乐观、更有兴趣——我想我是更快乐了。我知道我对别人更好了；见鬼，我甚至对自己都更好了。”

导引

感激的影响是确凿无疑的，但它是如何产生影响的呢？感激

① wait for the other shoe to drop，当发生了不好的事情时，等着它继续恶化或最终结束。——译者注

是如何通过振动与你的心或大脑互相影响的呢？尽管生物化学很复杂，但我们可以通过“导引原理”很好地理解这种互动。

导引，是一个振动频率与另一个振动频率相一致或相匹配的过程。例如，当一名歌手的歌声的振动频率与一个水晶杯的振动频率匹配时，杯子可能会破裂。如果两把小提琴的琴弦调到同一个音高，并将其分别放置在一个房间的两端，拨动其中一把小提琴的琴弦，房间那头的另一把小提琴的琴弦便会开始在同样的音高（频率）上振动。

导引现象是17世纪的克里斯蒂安·惠更斯在很偶然的情况下发现的。惠更斯是摆钟的发明者，他有很多摆钟。有一天，他发现所有的钟摆在完全一致地同步摆动，这让他很困惑，因为他并没有做这样的设置。然后，他特意把钟摆设置成按不同的节奏摆动，结果却发现，这些钟摆在那个节奏最强的钟摆的带领下，很快又开始完全同步摆动了。

导引解释了你的心律是如何使你的脑波与之相一致的。正如《心智算数解决方案》的作者指出的那样，当我们处于深深的感激状态时，我们的脑波就会与心律和谐一致（恰好是0.1赫兹，这正是我们的心脏律动每10秒钟完成一个周期的频率）。

在图6（第16页）中，左侧的图显示的是一个人在体验一种真诚的感激情绪时，心律和脑波的实时记录。右侧图形中的两个尖峰，显示的是心律和脑波在0.1赫兹的振动频率上达到同步或一致时的情况。

导引解释了许多原本看起来很神秘的现象。例如，如果你走进一个房间，里面的人都很沮丧，可以肯定的是，你过一会儿也会变得沮丧起来。或者，如果你走进一个房间，里面的人都很高兴，他们笑着邀请你加入进来，你很快就会感到开心起来。在这两种情况下，你体验到的就是导引。

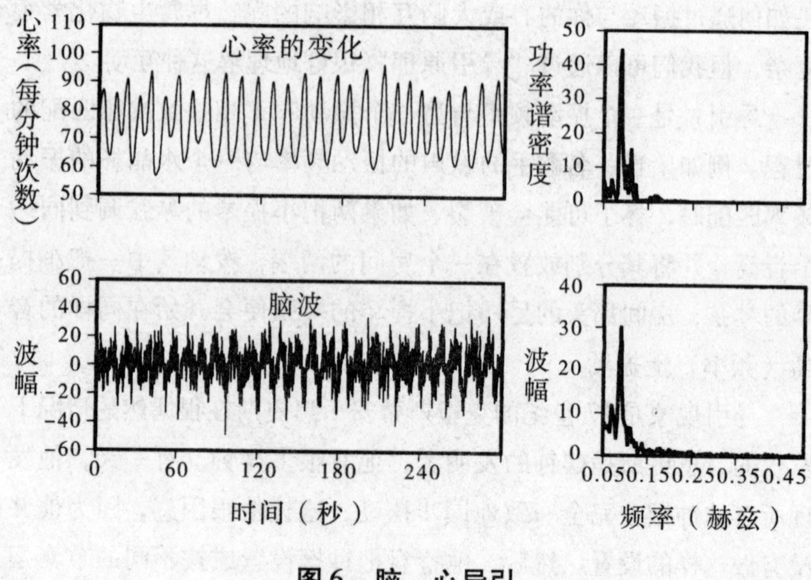

图6　脑－心导引

由于一屋子人的集体振动频率比你个人的强，你的振动就会被导引到他们的振动上。他们的集体振动会将你甚至隐藏着的沮丧或快乐的那部分振动统一起来，把你“拉向”整体上更沮丧或快乐的振动，除非你主动进行抵制。

然而，你无法导引不存在的情绪。如果你的想法和情绪是愤怒的，没有任何快乐的振动频率，那么一种潜在的快乐体验是无法让你开心的。你身体里不存在一种快乐可以与之匹配的振动频率，就无法对之进行导引。

当人们说“别试图让我高兴起来”时，他们反映的就是这一点。他们实际上是在说：“我没有一点快乐的振动频率。”你向他们发送的让他们快乐起来的能量，不会起到任何作用。

你曾经说过“你把我气疯了”或“她让我感觉棒极了”吗？我们大多数人在大多数时候都处于“中性”振动状态。我们没有有意地集中自己的想法或感受，只是任由它们随意发散。这就是为什么你会感到一些人或事能够“使”你产生某种感受的原因。实际情况是，由于你自己没有强烈而集中的振动，你就被其他人或事情的振动导引了。他们强烈而集中的振动将你的振动中哪怕与他们的仅有微弱相似的那部分振动统一了，所以，你最终的感受与之前肯定会不同。

反之，导引也解释了为什么当你有意用强烈而集中的能量对一个情形做出回应时，如果不遇到抵制的话，你就会得到想要的回应。我们熟悉的一些习语，比如“物以类聚”、“种瓜得瓜，种豆得豆”以及“付出什么，得到什么”，都反应了这一科学事实。我们生活在一个由振动能量组成的宇宙里，因此，不论你释放出何种能量——比如感激的能量——都将支持并激发出类似的能量。

为了证明“付出什么，得到什么”，可以尝试一下彼得·汤普金斯在《植物的秘密生命》一书里描述的下面这个实验。在三个花盆里，分别放入相同分量和类型的盆栽土，种下完全相同的植物幼苗。把三个花盆并排放好，以便三株幼苗得到相同的光照。给三株植物浇等量的水、施等量的肥。惟一的不同是，你要对每一盆植物说不同的话。

对第一盆植物，只说感激的话，比如，“你是一株多么棒的幼苗啊。你的新叶子看上去是那么娇嫩，你小小的根须是那么有力地扎在土壤里。”

对第二盆植物，什么也不说。

对第三盆植物，只说刻薄和不赏识的话，比如，“你这颗可怜的小破苗。你真让人恶心。你不配种在这些土里。”

一段时间之后，受到感激的那株植物会长得健康、茁壮，第二盆植物也会长得相当不错，而未被赏识的那一株却会生长迟缓，长得不怎么样。真的是“种瓜得瓜，种豆得豆。”

当你以感激对人和事做出反应，并因而导引出更积极的体验时，你的生活会变得更快乐。随着你变得越来越快乐，感激也就变得越来越容易了——尤其是当你认识到这种快乐正是感激给你带来的时候。感激的确凿无疑的直接后果，就是快乐。

格雷格是感激小组的一位成员，他说："感激似乎能够自我扩展，并且能自己获得力量。我越是运用感激，就越发现自己能够自发地感激——而且生活里会出现运用感激的更多机会。"

在下一章，你将看到如何在追求幸福的过程中运用感激的能量。你会发现主动感激的好处，并学会如何进行最有效的感激以获得这些益处。

第3章

做一个会感激的人

当感激不再是你偶尔为之的行为，而成为你的基本生活方式时，它的力量才是最强大的。当感激成为你看待生活的镜头时，你就能收获其不可估量的硕果。

你必须首先要愿意克服某些感激的障碍——你给自己找的那些在某种具体情况下不必感激的理由，或者在这样那样的情况下感激为何不起作用的理由，或很难感激的原因。正如感激小组的一位成员厄尔告诉我们的那样："对我来说，最困难的事情就是当别人不感激我时，我却要乐于感激别人。我会想，'为什么我应该是那个做出努力的人——而不是对方呢。'我花了很长时间才克服这种想法。"你必须愿意改变那种妨碍你成为一个时刻身体力行、"不管怎样我都会这样生活"的感激者的思维和感受模式。你不能只在自己方便的时候才运用感激的力量。

这并不容易。我们的第一自然反应通常是与感激正好相反的：我们想责备、否认、抨击、逃避——就是不想感激。正如感激小组的一位成员说的那样：“要想不再憎恶，在刚开始的时候真的很难。”

但是，如果你想享受感激的所有好处，就必须放弃负面的思考和感受模式，并代之以感激的模式。你必须愿意知难而进。

感激是正道

感激需要勇气和相当大的决心。这是一条正道，我们知道，正道是正确的道路，但却不容易走，所以，不是每个人都愿意走。让我们来面对它吧，当你选择把珍惜和感谢作为基本的生活方式时，你就是在脱离你已经走了很久的那条路。你是在对责备、憎恨、报复、各种形式的暴力——从诽谤别人，到生闷气、骂人——说不。你是在对受害者心态、殉难者心态、推卸责任、批评以及贬低自己或别人说不。

当你选择了感激时，你便成了自己最好的朋友，但不会是一个以自我为中心的自恋者；你会看到别人的优点，但并不会无视他们的缺点；你会看到各种情形中最好的可能性，但同时对那些对你有用和无用的东西保持警觉；你会愿意维护自己的权利；你会愿意认可并赞许自己好的地方、别人好的地方，以及你生活中好的地方。

感激需要洞察力、宽容和一点勇气。好消息是，这是可以做到的，因为每个人——无一例外——都能够感激，能够发现值得珍惜之处，能够感谢。

现在，你就有可以感谢的东西。是什么呢？为了看看感谢在你现在的生活中如何起作用，请花一点时间做做下面的测试。这是由心理学家罗伯特·A·埃蒙斯和南卫理公会大学的研究人员开发的。

感恩问卷

请在能表明你对每句话的同意程度的数字上画圈。（注意，E句和F句的数字顺序与前四句是相反的。）

1 = 强烈不同意

2 = 不同意

3 = 有点不同意

4 = 中立

5 = 有点同意

6 = 同意

7 = 强烈同意

A. 我生命中有很多要感谢的。

1 2 3 4 5 6 7

B. 如果要我把感谢的事情列出来，那会是一个很长的清单。

1 2 3 4 5 6 7

C. 我要感谢的人各种各样。

1 2 3 4 5 6 7

D. 随着年龄的增长，我发现自己更能够感激那些已经成了我生活经历的一部分的人、事情和情形。

1 2 3 4 5 6 7

7 = 强烈不同意

6 = 不同意

5 = 有点不同意

4 = 中立

3 = 有点同意

2 = 同意

1 = 强烈同意

E. 当我看着这个世界时，我不觉得有什么可感谢的。

7 6 5 4 3 2 1

F. 我很久都不感谢什么事情或什么人了。

7 6 5 4 3 2 1

现在把你的六项得分加起来。总分应该介于6和42之间（记住，E句和F句的数字顺序与前面四句是相反的）。你的得分越高，越可能心怀感激。

埃蒙斯博士指出："与不那么感谢的人相比，心怀感谢的人的积极情绪更多，对生活的满意度更高，而诸如抑郁、焦虑和嫉妒等消极情绪更少。他们与人交往的能力也更强——他们比不感谢的人更能共鸣、宽恕、帮助和支持别人。"

不管你现在的感激水平有多高，你都可以提高和发展自己的感激能力。让我们从克服本章一开始提到的那些障碍开始。

面对障碍

即使在你努力练习感激时，你也会发现在这种或那种情况下不感激的理由，你会为自己认为不必感激或根本不可能感激编造一些借口。在成为一个感激的人的过程中，这些阻力就像是一些你必须面对和铲除的妖魔鬼怪。

感激小组成员特丽莎说：“当人们开始感激，并开始明确表示出他们所期望的更多东西——梦想、爱、愿景——时，就是他们开始遇到阻力的时候，也是情形有时看起来在恶化而不是好转的时候。我刚参加这个小组时，就感到了各种阻力，但后来都克服了。我认为，人们知道自己会感觉到阻力是很重要的。”

大部分阻力不外乎下面这三种：

- “对方应该先感激。”
- “你不了解情况。”
- “天哪，情况越来越糟糕了。”

克服“对方应该先感激”的阻力

当一个人站在那儿，顽固地认为自己是对的，绝不愿意做出一点点妥协时，要感激他的确很难。当事情真的不是你的错时，要你放下所有责备的想法并感激对方，是需要巨大的人格力量的。你整个人都会大喊："为什么我应该是那个感激的人？这是他们造成的；是他们的错，不是我的错。还有公平吗？他们应该先感激。他们应该承担责任应该感激我才对。"

在一个完美的世界里，他们的确会那样做。然而，在我们这个精彩却不完美的世界里，要让某些人认识到自己的错误，为自己的行为承担责任，并感激你，你可能要等很长时间——等上一辈子，而且一辈子可能都不够。

与其等上漫长的时间才享受到感激的好处，不如认识到"对方应该先感激"只是一种阻力。一旦你发现自己有这种感受，无论你有多么正当的理由，都要远离你认为自己是对的想法，并要开始寻找感激的想法和感受。

重要的并不是谁对谁错，而是你能有多快乐。感激永远不会证明你有多么正确，但感激会使你充满欢乐。选择权在你。

克服"你不了解情况"的阻力

感激的另外一个阻力是"你不了解情况"，有时表述为，"这种情况太糟了，我感觉不到需要感激！"

确实，你可能面对着一个很糟糕的情形，但这并不意味着就不能感激。相反，感激是一种强有力的工具，你可以用它来更好地渡过危机。

以这种形式阻碍你感激的，通常是你的感受。你可能会感到生气、愤怒、屈辱、羞耻、震惊、恐惧或绝望。你可能会感到沮丧，什么也不想做。不理会这些感受可能会很难。你也许认为，只有先改变这种情形，你才能改变自己的感受，但是——正如你希望别人先感激一样——等待情形发生变化，可能意味着非常漫长的等待。

没有必要承受这样的痛苦。解决办法很简单，但有时又似乎很难。如果你能唤起哪怕一个小小的感激想法（无需否认你的感受，因为感激不是否认），你就能开始转变所面临的情形了。一旦你这样做，结果就会有很大的不同。

克服“天哪，情况越来越糟糕了”的阻力

当你刚开始练习感激时，情况可能会看起来越来越糟，或是没有任何的改变。如果你和所爱的人的关系陷入了麻烦，当你开始感激对方时，首先发生的事情可能是更多的争吵。你可能就会想：“感激这玩意儿没什么用。算了吧。”

当出现这种情况时，要记住一句名言——“艰难之路，惟勇者行”，并运用你在本书中学到的各种技巧和方法坚持感激。争吵的增多，可能会为澄清问题提供更多的机会。你们之间分歧的明显化，可能会促使你们一起寻求解决办法，这会带来好的结果。当你有了无论如何都要感激的决心时，你就克服了最具挑战性的一个阻力。

既然你了解了可能会遇到的阻力，那么如何才能成为一个感激的人呢？你要从感激生活本身开始。

感激生活

当你透过感激的镜头来看待并解读人和事的时候，你便增加了生活中各种事情变好的可能性。正如史蒂芬·柯维在《高效能人士的七个习惯》中说的那样，你变成了“机会型思维”，而不是“问题型思维”。一旦你开始运用感激的力量，你就会看到更多可以感激的事、人和情形。你会发现今天确实非常美好，并期待着明天有更多快乐。正如埃蒙斯博士在其《感谢的快乐》一文中所写的那样：“我和我的同事们发现，感谢（我们将其定义为一种对生命的惊奇、感恩和感激）不仅仅是一种能体验到的愉快情绪，或能表达出来的礼貌态度，它是，或者至少能够成为，一种基本的气质，一种看起来可以让人生更幸福、更健康、更充实——甚至更长寿的气质。”

要从了解你目前对生活的感激程度开始。当有人问你“你好吗？今天过得怎样？”时，听听自己的回答，你就能很容易搞清楚这一点。

你的回答是不是像下面这样的？“噢，你知道，还是老样子。做一天和尚撞一天钟呗。天啊，今天的交通真让人痛苦——我简直无法相信花了一个小时才赶上最后那个约会。而那个人真让我烦死了。一会儿要我看这个，一会儿要我解释那个，简直是个十足的讨厌鬼。”

还是更像这样？“很好，谢谢。我很幸运——我及时赶上了约会，虽然路上堵车很厉害。最后那个约会真让我崩溃。他可真怪！想知道我在做什么事以及为什么做的每一个细节。”

第二种反应表达了一种对生活的乐观和感激看法。这两种反应都承认了交通堵塞和最后那个约会的人“很难伺候”。在一种感激的心态中，你并不否认现实，而只是选择以一种正面或感激的方式看待和解读它。你选择从有益的方面看待自己遇到的事情和人，并对其表示感谢。这并不意味着你永远不生气、悲伤或失望。你会这样，但你能处理好自己的消极情绪，并恢复到一种总体上感激的思维和感觉方式。

养成一种感激的心态

试一下同时思考感激的想法和悲观的想法。这是行不通的。你无法同时想“我珍惜并感激生活给我带来的所有机会”和“生活糟透了”。这不仅仅是措辞上的矛盾，更是一种振动上的矛盾。

作为一个乐观主义者，你会自然而然地认为人生本来就很美好，值得好好生活。你相信最好的结果，并会强调任何情形的最积极的一面。

乐观主义者会更成功。正如心理学家马丁·塞利格曼博士在《习得乐观》一书中所说的那样，研究表明，乐观主义者在工作、学习和体育运动方面都做得更好，而且他们往往更健康，寿命更长，又不显老。乐观主义者从挫折中恢复得更快，不那么容易沮丧，而且比能力倾向测验所预测的做得更好——他们实际上会超常发挥！当乐观主义者竞选公职时，他们更有可能获胜。

所以，当你采取感激的心态时，就为自己设立了一个更加宽广的舞台。感激是乐观主义的最大化。

怎样才能养成一种感激的心态呢？关键在于，要始终选择能表达你对人或事的珍惜的想法和感受。要选择不会导引出消极或贬低的想法和感受。刚开始的时候，你的很多想法可能不是感激的，老习惯改起来很难，甚至那些一直在练习运用感激的力量的人也会发现这很难。艾琳是一位感激小组成员，她说："有时，我无法在足够长的时间里保持感激的状态。或许我能在60%的时间里做到。但我的目标是100%。我的生活中有那么多方面需要感激。这对我来说完全是一种全新的重生。"

幸运的是，随着时间的推移，选择感激的想法和感受会成为第二天性。下面是感激小组成员桑德拉描述的她的经历：

我以前的状态是"我好命苦啊"，几乎对所有事情，从交通拥堵，到跟妈妈吵架，到讨厌的老板，我都是这种态度。所以，当男朋友甩了我时，我首先想到的就是"我好命苦啊"。我从来没有想过这实际上让我摆脱了一段不幸的恋情，直到我开始寻找可以感激的东西。

但这并不是一朝一夕的事。我是从小事开始的，比如，感激自己把过去常常浪费在咒骂公路塞车的时间，用来听磁带上的一本好书。最终，我把"我好命苦啊"与心怀感激的比率从100：1降到了大约70：30。那时，我已经不再总是愁眉苦脸地想着自己被人甩了，而且能克服这种想法，并继续自己的生活了。我有自己的路要走，但我感觉朝这个方向前进要快乐多了。而且，我开始自我感觉良好了——这为我打开了一个全新的世界。

另一名成员皮特，这样解释了自己成为一个感激的人的过程：

我一直是一个感恩的人，但从来没有特意感激过。如果有好事发生，我会感谢——这没什么了不起。所以，学着在早晨感激我的第一杯咖啡，感激能搭别人的车去上班，感激我的上司（不论她心情是否愉快），感激我的工作——完全有意为之——对我来说是全新的东西。我不得不到处贴便利贴，以便让自己记住。我甚至设了手表闹铃每隔一小时响一次，让我记住停下来去感激点什么，以至于后来闹铃都变得让我有点烦了。但我一直在这么做，因为我开始感到更有动力了，并且对所有事情基本上都更加满意了。我注意到人们对我的帮助更多了，对我更好了，好事在不断出现。我开始用日记把这些事情记下来，在我感觉懒惰、脾气不好或没有心情的时候，提醒自己有意地感激是多么值得做的事情。

如果你认真聆听自己的心声，你可能会发现，养成一种感激心态的主要障碍，是抱怨、担忧以及“如果……怎么办”之类的下意识潜流，当你不主动思考别的事情时，它们会随时浮现出来。这里有一个例子：

我无法相信自己忘了关上卫生间的窗户。我真是白痴，猫跑出去了，都是我的错，我老公会杀了我的。那家该死的洗衣店到底在哪儿？我以为在这条街上。如果他们已经搬走了怎么办？如果我找不到他们怎么办？哦，拜托！看路啊！一边开车一边打手机，真是没办法。那家该死的洗衣店到底在哪儿呢？我上班要迟到了。不知道那个鞋店是否还在打折。像我这种运气，估计没有我能穿的号了。为什么我非得穿6号的呢？又是一个红灯。真扯！

大多数时候，你甚至都不知道脑子里有这些想法。但这些想法确实存在——并且一直持续着，直到你最后打起瞌睡，甚至在入睡之后，这些令人不安的想法也会在半夜把你惊醒，或是在你的梦里浮现。

要通过用更积极的想法来抵消各个消极的想法，将你的消极想法转变为感激的想法。还是用上面的例子，用积极的反应去抵消各个消极想法，见下面的楷体字部分：

我无法相信自己忘了关上卫生间的窗户。我真是白痴，猫跑出去了……

嗯，我并不是真的那么白痴，猫想跑出去是自然的，它以前就跑出去过。而且它总能找到回来的路，所以当我们回到家时，它可能已经在家了。我可以感激它有“家”的感觉。

那家该死的洗衣店到底在哪儿呢？我以为在这条街上。如果他们已经搬走了怎么办？如果我找不到他们怎么办？

嗯，他们不太可能搬走。如果真的搬走了，我可以随时问我的朋友们用的是哪家店。我感谢我的朋友们。我在这个街区再转一圈，现在先不管它。

哦，拜托！看路啊！一边开车一边打手机，真是没办法。

嘘——我感激自己反应这么快。而且，手机本身并不坏——我当然感激我的手机。

那家该死的洗衣店到底在哪儿呢？我上班要迟到了。

不，我上班不会迟到的。我感激自己已经决定现在不去想洗衣店的事了——这事不值得上班迟到。

不知道那个鞋店是否还在打折……

我感谢他们还有一双可卖！也许回家的路上，我可以去看看。

又是一个红灯……

没事，我记得这个红灯时间很短。

选择感激的想法是一个有意识的过程。如果你坚持做下去，你会发现你的消极想法很多都是重复的，因而比较容易发现并改变它们。

在你练习选择感激的想法时，还要注意你自己说的话。你经常抱怨吗？你都抱怨些什么？你是不是总想着出问题的事，或者不愉快、不方便、令人担忧的事？你关注顺利的事，或愉快、轻松、使人放心的事吗？

要记住，大多数情形都既有积极的一面，也有消极的一面。当你发现自己在抱怨或总是想着自己不喜欢的事情时，要迅速把你的注意力转移到你感激的事情上。要练习关注、思考和谈论各种情形中你可以珍惜和感谢的那些方面。

转移你的注意力，并不意味着你的生活中没有需要解决的问题。如果你发现在自己的抱怨中确实有需要引起注意的地方，把它记下来，以便你解决它，而不必总在心里惦记着，以至于影响到你感激生活的能力。

做感激游戏

要注意，感激并不是说“我很感激”、“我很感谢”或“谢谢你”之类的话。感激与你是否使用这些词语没有多大关系，而更多地是一种意愿。当你在任何一种情况下都去寻找可以珍惜和感谢的事情时，你就是在感激，无论你用的是什么措辞。

我们来做个感激游戏。认真想一想你当前生活的各个方面中可以感激的事情。无论你身在何处，无论你在做什么，都要练习感激。

还记得"找车牌"的汽车游戏吗？那么，现在你可以玩"找些事情来感激"的游戏——无论你是否在路上。这个游戏是这样的：你在路上遇到了交通拥堵。这有什么可以感激的？

- 至少还有路——如果没有，你都不能从A点到B点。
- 无论车堵得多么厉害，过些时候就会畅通起来，你就可以重新上路了。
- 你有收音机、录音机或CD播放机可以听，你可以享受音乐、有声书籍或其他人的观点。要是这些都没有，你可以思考一下平时没有时间考虑的事情，不论是如何装饰你梦想的家，还是关于存在的本质。
- 你头顶上有一片天，无论蔚蓝、晴朗，还是灰暗、潮湿，都各有各的美丽之处。
- 路两旁有植物、建筑，或别的什么你可以从中找到值得感激之处的东西。树木和其他植物能在公路两侧生长，这本身就是值得感激的事情。

让我们试试另一个游戏。在超市的收银台前，你排在一个超长的队伍里等着结账。你的脚好疼，你想回家，而新来的收款员扫描起东西来又那么慢。有什么可感激的？

- 你家附近有这么一个货品丰富的超市。即使排队需要花一些时间，你也已经买到了今天晚餐需要的所有东西。

- 在排队等待的时候，你感觉既安全又温暖（或既凉快又干爽）。
- 你可以和排在你前面和后面的人聊天，天晓得，你们可能聊得很投机呢。
- 你有一些个人的时间去思考，或是轻轻闭上眼睛，享受几分钟不被打扰的遐想。

这就是感激游戏的玩法。这比你站在那里哀叹脚痛要有趣得多，哀怨丝毫不会减轻你的脚痛。

在日常生活中，感激的机会是无限的，只要你愿意去发现。

感激自己

在你运用感激的力量的过程中，要从感激生活，转向感激自己这一更个人化的需要上。当你感激自己时，就会使自己最好的一面呈现出来。丹是感激小组的一位成员，他总结了自己的经验：“通过感激，我真的重新发现了自己——这种感觉棒极了。我更坚强了，更有信心了。这种力量来自于对自我的重新发现。”

有谁能比你更好地感激你自己呢？等别人来感激你是不行的（还记得“对方应该先感激”的阻力吗）。如果你不感激自己，别人是不会感激你的。要通过挖掘你对自己的珍惜之处，以及由这种珍惜所导致的感谢，来形成并深化你对自己的感激。

只是空洞地说“我爱我自己”是没用的，而是需要更多的努力。你必须找出那些构成你之所以是你的具体的品质和特点，珍惜它们，并深深地感谢它们。下面是一个练习有意识地感激你的独特自我的简单方法：

拿一张纸，在中间画一条竖线。在左侧，列出你所珍惜的你的内在品质和特点。在右侧，写下你为什么感谢每一个品质和特点。

刚开始，你可能会觉得自己没有那么多值得感激的地方。不是这样的！我们每个人都有很多可以感激的地方。然而，如果你真的很难找出值得感激的事情的话，想想多年来朋友或家人是怎么说你的。想想这些话透露出来的你擅长什么，以及这表明了你有何种内在特征。问问自己，同事喜欢你哪些方面。想想你感激朋友们的哪些品质——这些品质往往也是你自己所拥有的。

这里有一些例子可以帮助你开始。你可能认为自己是一个相当聪明的人，把它写下来。你的幽默感怎么样？你很容易和其他人打交道吗？如果是这样，把它写下来。你珍惜自己对设计和比例的感觉吗？或者你与动物的关系好吗？你珍惜自己渊博的知识吗？你具有几乎什么东西都会修理的能力吗？你对运动喜爱吗？你对家人关心吗？或者你珍惜自己玩视频游戏的能力吗？

现在，该填写纸的右侧了。问问自己，你为什么感谢自己的每个品质。例如："我为什么感谢我的智力？"答案要具体。你可能是因为智力能帮你赚钱谋生而感谢它，也可能是因为它可以让你理解足球比赛或外国影片的微妙之处。你也许会感激你良好的思维能力，因为它可以帮助你有效地解决问题。

重要的是，要写下你个人的长处和性格特点之所以对你重要的具体原因。这会使你更容易充分、真正地感激自己！

随着你珍惜自己的品质并感谢它们，你就会认识到自身的价值。随着你感激自己，你会越来越成为真正的自己：充满活力、热情，而且自信。

整理你的个人振动

不要把感激自己和傲慢混为一谈。傲慢的人会把时间花在和别人进行比较上，认为自己什么都比别人好，并盯着别人的缺点。而感激自己却和别人无关。这完全是你和你自己的事。当你诚实地评价自己并感谢你的个人天赋时，你并不是不谦虚，也不是自满。你只是在清理你的个人振动，就像你在整理一间阁楼、一个文件夹或是一个装袜子的抽屉一样。

整理你的个人振动，意味着清除你对自己的消极观点。妨碍你形成感激振动的消极观点，一般可以分为三类：

- 贬低自己：“我没有天赋”，“我从来没有做对过”，或者“我做任何事情都永远不会成功”。
- 为自己感到难过，扮演受害者的角色：“可怜的我。我无法成为（或做到，或拥有）那样”，“没有人爱我”，或“没有人感激我”。
- 自我批判，扭曲你的自我形象，以至使其只包含你的缺点或你自认为的缺点，并夸大这些缺点：“我让人讨厌（或愚蠢，懒惰，缺乏想象力等等）。”

当你挖掘自己的品质，并开始珍惜和感谢它们的时候，你对自己的很多消极信念和观点就会消失。如果你仍然发现你在自我贬低，要停下来，有意识地花点时间把你的消极信念变成积极表达。下面的表格里给出了一些例子，告诉你如何通过有意识地找到一种方式去感激不愉快的情形，以转变自己的观点。

情形	消极的观念	积极的表达
你被裁员了。	我没有能力。	公司最近一直都有问题。它需要减员，而且我这个职位必须裁掉。
你的爱人离开了你。	没有人爱我。 我不可爱。	有些人会比他更与我相配。我们有过美好的时光。我们只是不那么合适，没法做“长久”夫妻。
你的提议在公司会议上被毙掉了，或是没被认真考虑。	我没有创意。我真笨。	我觉得我还不理解这个公司的需求和目标。我需要花更多时间研究一下以前有过哪些提议被采用了。

自我感激是对付不快乐的一副强力解药。它能把你从各种消极的解读中解放出来，这些消极解读会产生连锁效应，把你束缚在悲惨的体验中。并且，自我感激能赋予你采取积极行动并获得更令人满意的情形的力量。

感激小组的成员里克告诉我们：

我和妻子一直在为买房子的首付攒钱。孩子们渐渐长大，我们的公寓太拥挤了。最后我们终于攒够了钱，在一片很好的街区找到了一所很棒的房子，而且没有超出我们的预算，但后来贷款告吹了。因为我和妻子都从事自由职业，我的信用没有好到足以弥补这种情况。

我感到很痛苦。我不停地想："我真是太失败了，我甚至不能给家人一个体面的家。我是一个差劲的丈夫，一个可悲的父亲。我对不起我的孩子，我让妻子失望了。"我的自尊下降到了极点。

我的妻子说："好了，你为什么不尝试一下你一直在学习的感激呢?"而我脱口而出的却是："那会让我们得到贷款吗?"

妻子没有在意我那么说，她可真好，而且她还指出我最近一直对自己很过分。所以我想，好吧，我先用感激让我对自己好一点。

我拿出一张纸，开始写下我对自己的感觉，然后开始寻找有什么可以感激的地方。我认识到我不是第一个没有得到贷款的人。这不会让我成为一个失败者，而只是让我成了一个"没有贷款的人"而已。我意识到我还在工作，还在赚钱，还在支付房租。我的孩子仍然爱我，所以我明白我不是一个那么坏的爸爸。我想到了妻子一直在支持我，告诉我，"我们共同来面对"。我可以感激所有这一切。所以，我把这些全都写了出来，并且每天把它读一遍，尽可能地去感激。我开始感到更自信了，就像世界末日并没有来临，而我仍然是一个能干的家伙。我能够处理这个问题。后来，我在收音机里听到一个"清理你的信用"的广告，我就想："管他呢，值得打个电话问问。"他们说的有道理。我采纳了他们的建议，感激得不得了，然后鼓起勇气又去了银行。令我吃惊的是，这次银行愿意帮助我了，而且我们后来找到了另一栋符合我们需要的房子，并付足了首付！我知道这不是运气或其他类似的东西。我知道，我通过感激从"失败者"的深渊里挖出了一条路，自我感激为我翻开了全新的一页。从那以后，我一直在感激。

通过感激自己，你会戏剧性地改变自己看待和解读别人行为的方式。你的更为感激的观点会得到别人的积极回应。你不会再忧心忡忡地解读事情，比如“我做得对还是错”、“他们喜不喜欢我”或“他们赞同不赞同我”，而是会更客观地解读各种情形，这会立即让你拥有更多的反应选择。你不用再考虑是否会受到别人的重视，你能给予别人或各种情形的东西会更多。每个人都喜欢被别人珍惜，但是当你感激你自己的时候，你就不那么需要别人珍惜你了；你不用依靠别人来满足你的自尊。

当问题出现时，如果你感激自己，你就会考虑别人提供的解决问题的建议，而不是寻找埋怨或批评的对象。你会发现原本可能无法找到的答案和可能的解决方法。

当你感激自己时，人们会对你的自信和自我肯定做出积极的回应。你更有可能被委以重任。你在生活的各个方面取得成功的可能性会自动增加。

艾琳，一位感激小组的成员，分享了她的经验：

我真的很想得到这次升职。我是那么地渴望，以至于都能闻到它的味儿了。我拼命争取，冲破重重障碍，联络了所有该联系的人。终于有一天——哇！我得到了。

然后，我突然想：如果我干不了这个工作怎么办？如果我没有足够的技能、能力，没办法满足大家的期望怎么办？我十分担心，立刻感觉很糟糕，但是，我又想：“等一下，既然他们把职位给了我，我不会那么不称职吧。我一定有某些方面是比较出色的。”从那时起，我就开始有意识地感激自己——感激我所具有的那些能够对新职位有价值的具体技巧和能力，比如我的足智多谋、我的创造力、我的直率、我的毅力、我对做好工作的热情。

嗯，对自己的感激使我有了一种完全不同的心态。我意识到，“我并不是非要单枪匹马地干，我可以寻求帮助”。所以，我找到我的部门主管，说：“我想在我的新职位上为你做出超棒的、一流的工作成绩。告诉我怎样才能做到。”她真的告诉我了！不仅如此，在接下来的六个月里，她几乎一直在指导我，直到我自己能够独挡一面。后来她告诉我，我有勇气去找她，让她很惊讶、印象很深刻，这让她意识到，我具备在公司成功所需要的能力。自我感激不仅帮了我，而且也使别人因而感激我。这真的很好。

深化你对他人的感激

感激自己，使你更容易在通往感激的力量之路上迈出下一步：感激别人。由于感激包括珍惜和感谢，所以，对别人的感激来自于你有意识地认可对方的价值，并搞清楚你感谢他或她的具体原因。

当你要珍惜别人时，要想想你珍惜他们哪些方面，珍视他们什么地方，什么使得他们对你很重要，以及为什么重要。当你感谢别人时，你是在感谢他们的存在，是在为自己的生活中有他们的存在而感到高兴。要花时间想一想你为什么珍惜和感谢你爱的人，即那些你几乎会自动感激的人，比如你的配偶或最好的朋友。因为对这些人的感激会来的很容易，所以这是一个练习感激别人的很好的起点。

感激的感受

想想你多么珍惜你最好的朋友。是什么使这位朋友对你如此重要？把你对最好朋友的感激之处都写下来。

你能感觉到你在感激时的感受有多么美好吗？你能感觉到你变得多么放松吗？你感觉到多么平和吗？微笑在你的脸上荡漾吗？你能感到在感激的状态下你是多么愉快吗？要让自己熟悉这种感觉，因为它会告诉你，什么时候你是在真正地感激别人。情感是你真正的内心活动的一个很棒的指针。

然而，为了让别人感受到你的感激对他们的影响，你光是自己感受到感激是不够的。你必须能表达你的感激，无论是用语言还是非语言的方式。

感激的语言

对于有些人来说，表达感激是很自然、很容易的；但对另一些人来说，这却是陌生的。要找到感激的话语，可能会很有挑战性。如果你就是这样的话，可以用下面的例句作为模板，来帮助你练习。

- 非常感谢你的倾听。我很感激你总是在我需要的时候帮助我。

- 你还记得我喜欢吃辣的，考虑的真周到！谢谢你！
- 你这么善于提醒我什么是生命中重要的事情——我很感激。
- 我正需要的时候，你的电话就打进来了。我非常感谢。
- 你能与我分享你的想法和感受，令我很感动——谢谢你。
- 很感谢我们一起度过了一个开心的夜晚。我喜欢和你在一起。

如果你不习惯以口头方式表达感激，刚开始说这种话的时候可能会觉得很尴尬。感激小组的成员卡拉说：

当我刚开始表达我的感激时，我觉得好奇怪。我能想到的就是“谢谢你……”——你知道，就像一遍又一遍地说口头禅那样：“谢谢你做我的朋友”，“谢谢你和我谈我工作中的问题”，“谢谢你给我讲你看过的那部电影”。这些话感觉很生硬。甚至当我有很多事情要感谢，有很多东西要珍惜的时候，我都找不到合适的词。我觉得自己真是笨。而且，我确实还得提醒自己说感激的话。

所以，我跟自己做了一个约定，当我和最好的朋友在一起时，至少要说三次感激的话。当我和最好的朋友玩得特别高兴的时候，我无法相信找出值得感激的三件事怎么那么难。而我真的认为这些最好的朋友就是我的全部，并且我在内心深处也无比感激他们。尽管我觉得感激得不得了，但就是找不出适当的话。

现在，当然，这很容易了，任何时候我都能不假思索地说出来。但我仍然记得刚开始这么做的时候是多么不自在！

无言的感激

你见过一位母亲看着自己新出生的宝宝吗？她的眼睛里充满了惊奇，欣喜地打量着宝宝的每一个部位：每一个手指，每一丝头发，每一次咕噜声。她小心、温柔地抱着孩子，对这个躺在她怀里的娇弱的新生命充满了敬畏。这是发挥到了极致的非语言感激。

当你向另一个人表达你的感激时，要让你的语气表现出你温暖的感谢之情。要让你的感激显现在你的面部表情上。要用一种能够表示出你有多么珍惜他或她的方式看着他们。当你调动身体的所有部位去表达感激的时候，你的感激会更加充分，其影响也更大。

振动是不能强迫的

感激别人是如此美好的一件事情，以至于人们会把它当成应酬话。如果一个人只是偶尔帮了你的忙，但你却对他说："感谢你总是帮助我"这会有什么危害吗？

其危害在于，你是在冒减弱你感激振动的力量的风险。感激必须是真心的，才能产生影响。感激的振动是不能强迫的。如果你不是真正地想着并感受着感激，你就无法发射出真正的感激振动。

比如，你和一个朋友共进了晚餐，又一起去看了电影。你很喜欢晚餐的食物和你们的交谈，但不喜欢那部电影，而且你对朋友试图让你相信电影有多好感到有点烦。如果你说，“今天晚上太棒了，我真的感激我们在一起的时光”，你会感觉到自己并没有说实话。你会觉得自己虚伪，因为你的话只有一部分是真的，而且你的感激的非语言表达可能很微弱。你的朋友不会感到被特别珍视，因为你发出的振动不是真正的感激。对于振动来说，真的是“付出什么就得到什么”。

所以，不要强迫自己感激，而是要找出这个晚上可以真正感激的具体事情。比如，你可以说：“我们晚餐时聊得真棒。我真的很感激我们能这样分享想法，谈一些事情。”这时，你的感激会有一种积极的影响，因为你的振动是那种衷心感激的振动。

没有人说你必须感激某个人的一切！你哪怕只是感激一个人或一种情形的很小一部分，只要这种感激是真诚的，它就能发挥很好的作用。

你的感激振动是一致的吗

你一旦有了感激别人的能力，就具备了坚实的、专注的感激振动的三个关键方面：感激生活，感激自己和感激他人。由于你的心和你的大脑——你的感受和想法——通过感激取得了一致，你的振动的力量就会很强。此时，你的振动是一致的，而一致就是力量。

奇尔德和马丁在《心智算数解决方案》中，将这种一致描述为“一个系统的各个组成部分之间的逻辑相通、内在秩序或和谐”。这是一种非常理想的状态，因为这意味着各个方面都顺畅高效地一起运作。研究表明，当你深深地感到感激或爱时，你的心律会变得和谐、有序和一致。然后，你的脑波会与你的心律相协调，使你整个人都达到一种一致的状态。

奇尔德和马丁认为，当你整个人处于一种一致的状态时，就像是从一个灯泡的力量转换成了一束激光的力量。从灯泡发出的光粒子是发散的，它们是“不一致的”，因此光粒子朝各个方向发散。而在一束激光里，光粒子是统一的或一致的，这会产生强烈的聚焦效果，功率大的话，可以穿透钢铁。

当你实现了一种一致的振动时，感激就不再是你偶尔为之的事情了。你所聚焦的感激力量会非常强。它已经成为了你习惯性的、正常的心态，成了你感受和存在的方式，成了你的生活方式。

接下来怎么做

作为一个感激的人，你已经养成了以一种感激的心态来看待世界。在这个过程中，你已经为把你想要的东西吸引到自己的生活中来奠定了基础。下面的各个章节将告诉你如何去做。

第4章

运用感激

来转变情形并吸引想要的结果

你现在已经了解了形成一种强烈的感激振动的方法。在本书后面的章节里，你将了解到如何使用这种感激的能量去转变一种情形，或吸引来你所期望的人或事。

这不是操纵，而是振动

运用感激获得你在生活中想要的东西或体验，与操纵或控制是毫无关系的。你无法运用感激的能量去迫使任何人或任何事听从你的召唤。你所能做的——这就是魔力所在——是对你想要的东西发射一种感激振动。正是你所发射的强烈振动，才使那些与其相应的经历有了与你取得一致的可能性。

可以把感激设想为你有意识地发出并投射进宇宙中的一个乐音。其他的频率会听到这个声音，并与之共同产生一个特定的共鸣和弦——即你想要的结果。

我们把这个过程叫做“吸引”，因为根据导引现象，最强、最剧烈的振动会“吸引”其他的振动与之一致——把它们吸引到自己一边来，并将其原来的振动转变成比之独立存在时更为强烈的振动。

你的振动越清晰（就像经过精确调音的音调），就越能有力地吸引其他频率来达成共鸣和弦，也就是说，提供你想要的结果。这种吸引和一致发生在振动频率的层次上——所有的物体、生物以及体验，都是在这个层次上构成的。

感激促成合作

感激之所以能够吸引来想要的结果，是因为感激可以促成合作。例如，当你感激一个人时，那个人就会愿意与你合作。这种合作对于产生你想要的结果来说，是必不可缺的。

想想某个珍惜并真正感激你的人。在你的脑海中想象某个时刻，他当时告诉你，你对他是多么珍贵，他对你的存在是多么感激。这种回忆让你有什么感觉？你能感觉到你的身体在放松吗？你能感觉到你整个人都接受了这个感激你的人吗？

接下来，想象一下这个人向你请求帮助的情形。你愿意与他合作吗？

现在，想象一个你不被珍惜的情形，有个人可能对你很生气或非常恨你。这种回忆让你有什么感觉？你能感觉到身体绷紧了吗？你能感觉到当他向你发泄愤怒或不满的时候，你对他关闭了自己的心扉吗？

接下来，想象一下这个人向你请求帮助的情形。你愿意与他合作吗？

感激要吸引来你想要的结果，首先需要使你自己的振动频率与你想要的那个东西的振动频率之间的合作能量达成一致。

一个著名的实验

我们刚才描述的现象，在普林斯顿工程反常现象研究实验室的实验中，得到了最明显的验证。该实验室成立于1979年，是由普林斯顿大学工程学院前院长罗伯特·G·雅恩博士创建的。该实验室致力于“对人类意识与当代工程实践中常用的敏感物理仪器、系统和过程的相互作用进行严格的科学研究”，以寻求“能够更好地理解意识在物理现实的创建过程中的作用”。

在其中一个实验中，一台计算机随机生成相同数量的正数和负数。一个人坐在电脑屏幕前面，盯着一条代表着那些在屏幕上漫无目的地漂浮的正数和负数的线。

劳瑞·杜西在《医学的再造》一书中，描述了这个实验。在实验中，坐在电脑屏幕前的那个人试图用精神影响机器产生出更多的正数（通过想“高点儿”）或更多的负数（通过想“低点儿”）。令人惊讶的是，如果那个人朝更多正数的方向想，机器就会生成更多正数，而且反之亦然！

在受控制的情况下本来是随机产生的一组正数和负数，在人的意志作用下，变成了非随机的一组数。杜西的统计显示，这种结果能用偶然性来解释的可能性不到0.02%（也就是万分之二）。

感激与这个实验之间有什么关联性呢？该实验室的研究人员发现，那些最成功地影响了计算机的人，谈到了和计算机“成为一体”。实际上，最能影响计算机的人说自己“爱上了”那台计算机。

我们所说的感激——珍惜和感谢——就是爱的关键组成部分之一。当你恋爱时，你会着了迷似地珍惜你的恋人，同时你会无比感激他或她的存在。

“成为一体”，用振动频率的术语来说，就等同于“一致”或“和谐”振动的概念。计算机的振动与试图影响它的那个人的振动一致了，结果，两个振动共同作用，产生了所期望的“更多正数”或“更多负数”。从本质上说，计算机的振动必须愿意与人所期望的振动合作。这种合作只有在两个振动完全一致或和谐的情况下才会产生。

考虑到我们天生就依赖五种身体感官来感知世界，要理解振动频率——甚至是像感激这种无形事物的振动频率——的匹配如何把身体体验转变成现实存在，可能会很难。最重要的是，要明白能量（以振动频率来衡量）是先于物质的。所有的事物在以物质的形式被观察到之前，都是以能量的形式存在的。

能量与能量之间会自由地、持续地交互作用，并且不受时间或空间的限制。

这一研究有着惊人的含意：你的思想可以改变你自身之外的

事件和经历。你真的可以改变你周围的世界——感激是关键。以下是感激小组的成员芭芭拉讲述她是如何做到这一点的：

我的室友基本上是个好人，但我们两个迥然不同。我喜欢让事情积极向上、平和、愉快点儿。我的室友却恰恰相反。她非常消极，所有的事情都“一直等到另一只鞋掉下来”，并且“好像任何时候那都会发生一样”。到后来，我竟然为了晚点回去而宁愿加班。我把自己的感受告诉了她，试图跟她谈一谈，让她变得更积极一点儿，但她觉得我有病：“你只不过是盲目乐观，现实点吧！”所以，当我决定在她身上尝试感激这东西的时候，我实际上没指望能起什么作用。但我想，管它呢，什么事儿都有可能。

我开始关注室友所作所为中的积极方面，以便我能感激。她很负责任，会按时支付她的那部分房屋费用。我珍惜并感谢这一点。而且，她对修理屋子里的东西很在行：她能修理漏水的水龙头、马桶以及此类东西。我可以感激这些，而且，我把我的感激告诉了她。我仔细倾听她的话语里面哪怕极微弱的积极之处，并为之感激。别的事情我就不去关注了——视而不见，不让它影响我。

然后，有一天，很出乎我的意料，我的室友说，她很高兴与我做室友，说我是个好人，并愿意与我相处。我简直喜出望外。她的话不再那么主观臆断了，实际上，她甚至开始说诸如“事情会变好的”，或“噢，我肯定他们很快会给你加薪的”之类的话。我很惊讶。我无法相信感激竟然起了作用。但它真的起作用了！证据就是——至少在我看来——当我停止感激她，并把我的注意力转移到她所做或所说的消极事情的时候，她积极的一面就减少了。而当我又开始感激她时，果然，她就又变得不那么消极了。太神奇了。生活变得真不错。我很感激！

知道感激能为你带来生活中想要的结果，这很棒；知道如何运用感激的能量来获得这些想要的结果，那就更棒了。在下一章，我们将介绍五个步骤，来转变或吸引你想要的东西。

第 5 章

运用感激的五个步骤：
以挣更多的钱为例

感激的能量可以为你带来你真正渴望的任何东西。在这一章里，我们将介绍五个步骤，可以用来转变不理想的情形，或吸引来全新的、积极的体验：

第一步：选择你想转变的情形或吸引来的东西；
第二步：明确你的愿望背后的感受；
第三步：清除有冲突的想法和信念；
第四步：发射你的感激振动；
第五步：让你的感激起作用。

在这一章里，我们将始终用同一个例子，那就是运用感激去实现一个令很多人焦虑的愿望：挣更多的钱。我们很多人在这种对富有的渴望中，都有着不感激的想法和信念，这反映在以下这类问题中：我们配富有吗？富有是不可能的吗？是不是只有那些超级聪明、天赋异禀的人，或十恶不赦的人才会富有？富有是否就是个碰运气的事儿？是不是只有那些没有宗教信仰的人才会富有？是不是操纵别人才能富有？这些想法和信念里，没有一点感激的影子。

我们将向你展示感激是如何巧妙地起作用的，即使是在这种最具挑战性的领域——如何运用感激赚到更多的钱。

第一步：选择你想转变的情形或吸引的东西

在这一步，你要清楚地告诉自己，你想要的是什么，你一定要确保你真正相信自己的愿望是能够实现的。而且，如果经过再三思考，你不相信自己的目标能够实现，那你就要调整目标，直至调整到你能够信心十足地集中你的感激振动去实现它。

首先，要描述你想转变的情形，或想吸引来的东西。如果你想要富有，那么，“我想要很多钱”就是一个很好的描述。但是接下来，要让你的愿望充实、丰满起来，要让你的想法能聚焦在更具体的东西上。怎么才能更具体呢？把你的愿望和现在的生活联系起来，比如可以是，“我想让工资翻一倍”，“我想让客户或顾客的数量达到现在的五倍”，“我想让我的销售佣金增加10倍”，或“我想轻轻松松地支付所有的账单和花费”。

现在，你有了一个与现实联系起来的愿望。这很重要，因为如果你的愿望没有具体的内容，就很难向之发射一个真正聚焦的感激振动。

一旦你的目标有了具体内容，就要确保自己相信这个愿望是可以实现的。坐下来，考虑一下你的目标，问问自己是否真的相信你可以使销售额增加 10 倍。你能想象到自己把 10 倍销售佣金的支票存到银行的情形吗？如果你能说，“是的，我相信我能使销售额增加 10 倍。我相信我会得到一张那个金额的支票，而且不会只有一次，经常都会有的。”那就太好了！你就能够清晰而有力地向自己的愿望发出感激振动了。然而，虽然很多人都希望自己变成百万富翁，但很少有人真的相信自己会得到一百万美元，更别说几百万美元了。因此，你的愿望必须足够具体，而且必须是你深信不疑的。

如果你不相信愿望能够实现，就要把它调整到你认为能够实现的程度。如果你认定，“嗯，我真的无法做到把销售额增加 10 倍，但我相信，提高 3 倍是可以做到的。”这也很好。这也是一个你能够真正感激的愿望，这样你就可以把愿望具体化，即把销售额增加 3 倍。

你可以在以后再提出一个更加雄心勃勃的愿望。如果你把目标具体化到了与你的愿望一致的程度，就更有可能实现你的追求。如果你的愿望超出了你自己认为可能的范围，你就发射不出真正的感激振动，就无法实现目标。

第二步：明确你的愿望背后的感受

在这一步，要问一下自己，你对自己的愿望所赋予的意义或价值是什么，以及你对其有什么感觉。然后，你要清楚地说出来，一旦成功实现了愿望，你将会有怎样的感谢之情。

感受是感激极其重要的一部分。感激是由珍惜和感谢组成的，而这两者都承载着感受。当你向自己想要的东西发出感激振动时，你会希望聚焦起尽可能多的情感。为此，你就需要明确与自己的愿望有关的感受。

问一下自己，你的愿望对你意味着什么。只有当某些东西对你有意义的时候，你才会珍惜它。当你的孩子把她用红色和橘色蜡笔画成的第一幅涂鸦之作给你看，并骄傲地说“这是太阳”的时候，尽管它根本不值钱，但你会视如珍宝，因为它对你有意义。它象征着你的孩子惊人的成长和进步，代表着她的生命力，她在你生命中令人惊喜的存在，以及你们彼此的爱。

回到我们的例子，假设你具体地说出了自己的愿望：“我想把销售佣金提高 3 倍，达到一个月 15000 美元。”那么，一个月赚 15000 美元对你意味着什么？

“这意味着我发财了！”你欣喜若狂地喊道。

好，那你感觉如何？

“感觉太棒了！”你喊道。

那它还意味着什么呢？

“意味着……”这时你停了下来，一时被难住了。这很正常。我们大多数人都无法清楚地说出这对我们意味着什么，然而，如果你不清楚一件事情对你意味着什么，就很难形成集中而强烈的感激振动。

确定你的愿望对你意味着什么的一个好方法，就是问问自己，一旦愿望实现，你能做什么、是什么，或能有什么。它会让你的生活发生什么改变？会怎样影响你周围的人、你的工作、你的爱好和其他活动？

想一想，你或许会发现，你的 15000 美元会意味着，你每个月能轻松支付所有的账单了。接着，问一下自己随之而来的感受是什么，可能会是安全感、轻松、舒适。

这 15000 美元还意味着什么呢？

或许你可以给孩子、配偶或妈妈买一些让他们开心的小礼物。这会让你有什么感受呢？当想象着看到所爱的人高兴的样子自己会愉快和异常欣喜时，你会微笑起来。

还有呢？

这笔钱可能意味着你有存款了——你终于可以为买你一直想要的那辆汽车、游艇，或去度假存钱，而无需勒紧裤腰带了。这让你感觉如何？你发现自己很激动。你兴奋，你热情高涨——你会发现，自己现在更想要那15000美元了！

还有其他的吗？

那15000美元或许能让你实现梦想已久的向教育基金会捐款的愿望。那种感觉是多么美妙啊！你感到自己很豪爽、满足、幸福，为使我们的世界更美好尽了一份力。你现在是不是更热切地想要那15000美元了？这是肯定的。

伴随着这种珍惜，接踵而至的是感谢。当你认识到你的愿望对你意味着什么，并且确切地说出随之而来的感受时，你就会很容易感谢和感激。现在，你已经产生了具体的珍惜和感谢之情，这些感受会融入到你为了实现愿望而要发射的感激振动里。这些感受清晰、集中，并很容易体会到，因为它们是基于对你有意义的事情而产生的。

第三步：清除有冲突的想法和信念

现在，问一下你自己："对于这个目标，我有什么想法？对目标本身，它的可实现性以及我能否实现它，我有什么信念？能够影响到愿望的主要信念是什么？"

为了形成最强的感激振动，你的想法和信念必须与你想要的东西一致。比如，你不能一边想着："当然，我喜欢有钱，来吧!”并期待着好事发生，而下一秒又看着口袋里孤零零的一块钱，心想：“这是什么？可怜的一块钱？我能拿你买什么呢？什么都买不到。”这些相互矛盾的想法会无可避免地导致你的振动中产生矛盾。

矛盾的想法会使振动相互抵消，最后什么事也不会发生。在我们的例子中，只要你一边渴求财富，一边又瞧不上自己口袋里的钱，你就会陷入僵局。你发出的不是一种关于金钱的清晰、集中的感激振动，而是矛盾的、不清晰的振动，这不会吸引来你想要的金钱。你缺乏那种能让你的感激振动发挥最大能量的专注和一致。

这没有什么可担心的。对于渴望得到的东西，我们大多数人都有着矛盾的想法和信念。你要做的就是，让自己明确意识到这些想法和信念，并想办法解决它们——方法如下：

把你关于金钱的想法和信念列出个清单。重点是要检查一下自己的信念，因为我们经常把自己的信念误认为事实。但是，一种信念只是你长期以来所持有的一个想法或一组想法。因此，就像任何想法都可以被质疑一样，你的信念也可以被质疑。你可能会吃惊地发现，对于金钱、金钱的好处或有钱人，你的许多想法和信念都是负面的。

你还要检查一下自己关于目标的可实现性的信念。在我们的例子里，你要看看自己的第一个想法是不是“钱永远都不够”。财富是不是只青睐别人？是不是快到手的时候又离开了你？你害怕一旦你有了钱，就会被偷走吗？或是你想把钱给别人吗？

这些消极的想法和信念会搅乱你的感激振动。每一个这样的想法都要改变，至少要变得与你的愿望不冲突，或者更好一点，能够支持你的愿望——比如下面这个表格里面的例子。

现有的信念	改变后的信念
金钱是万恶之源。	钱能够办成很多好事。
一块钱不值钱。	一块一块地加起来就值钱了。
我总是没钱。	我总能想办法渡过难关。
税会把你整死的。	有的人能赚到足够的钱来缴税，而且还能剩下很多钱。
富人都是无情之人。	有的人不管有钱没钱都无情。很多富人都捐建医院、设立慈善基金和奖学金，或做其他的真心善举。
当你有了钱，别人就会占你便宜。	有的人不管你有没有钱都会占你便宜。穷人也会被打劫。
钱永远都不够。	有的人钱就够，我可以学着吸引来更多的钱。
不管我挣多少钱，都会花光。	有的人能留住钱，我也能留住。

要注意，不要把关于金钱的消极信念换成乌托邦式的理想。不要把“钱永远都不够”变成“钱总是很多”，因为你是不会相信的。未来某个时刻你或许会相信，但现在，“有的人钱就够，我可以学着吸引来更多的钱”，对你来说才是可信的。真诚的信念才能支持真诚的感激振动。

要检查一下你的核心信念，因为它们会影响到与你的愿望有关的更具体的信念。核心信念是关于生活本身的，是其他具体信念的基础。比如，“生活就是挣扎，直到你死去”、“我是我所知道的最幸运的人”、“在这个世界上，你想要得到任何东西的惟一办法，就是辛勤工作”或“我总能拥有天时地利”。

如果你抱着消极的核心信念，比如“生活就是挣扎，直到你死去”，或“在这个世界上，你要得到任何东西的惟一办法，就是辛勤工作”，那么，附着在你对金钱的愿望的振动之上的，便会是你必须挣扎或辛勤工作的信念，结果很明显——你想要的钱会来得很辛苦。

如果你向愿望发出的感激振动频率不轻松，那么你就不会轻易得到想要的钱。没有一个人会通过说“我感激挣扎，所以我必须为挣钱而辛苦努力”，来向财富发出感激振动。但是，如果你不检查自己的核心信念，并根据需要改变它们，就会出现这种情况。如何改变与你的愿望相冲突的核心信念，请参见下表中的例子。

现有的信念	改变后的信念
生活就是挣扎，直到你死去。	生活有起有伏，而我的顺境越来越多了。
在这个世界上，你想要得到任何东西的惟一办法，就是辛勤工作。	有的东西是要靠辛勤工作才能获得，而有些东西要靠聪明地工作，但有时候天上真能掉馅饼。
关键取决于你认识什么人。	关键取决于你如何思考，如何感觉，如何发出振动。

当你彻底检查了自己的想法和信念，并感到满意之后，要把你关于金钱的主要的感激想法和信念列一个清单。在这个清单上，列出一些支持你追求财富的论断（也就是一些积极的表述，你由此肯定某些事情，以便实现愿望）。你要每天都重复这些论断。你的清单或许会是这样的：

- 钱是好东西。

- 有钱就能做各种各样的好事。
- 我不需要成为一个怪人也能有钱。
- 我能轻松愉快地挣到钱。
- 我能像吸铁石一样吸到钱。
- 我的生活会变得越来越好。
- 我总能拥有天时地利。

不断重复你当前的想法和信念，能赋予其力量；不断重复新的想法和信念，也能赋予其力量。支持你追求财富的新的想法和信念，将会变成一种新的振动，匹配并吸引那些能够实现这些想法和信念的体验，就像你以前的那些妨碍你追求财富的想法和信念会不可避免地吸引一些支持这种想法和信念的体验一样。

物以类聚。随着你每天重复那些肯定你对财富的追求的论断，你就会巩固并强化自己的感激振动。

第四步：发射你的感激振动

你已经做好了所有的准备工作：确定了你想要转变的情形或吸引来的东西；清楚了愿望背后的感受；而且也改变了与你的目标相冲突的想法和信念。现在，就该发射你的感激振动了。

在这一步，你要从珍惜和感谢你目前已经拥有的东西开始。然后，你要清晰、专注、有意识地向你的愿望发出振动，同时要用积极的想法来替代任何侵入你脑中的消极想法。

通常，当我们拥有的东西比想要的少的时候，我们会轻视自己已经拥有的东西。如果你想的是“我的账单太多了”，你就是在表达对你目前收入的不满。你没有感激你目前拥有的钱能够为你做的事，相反你只关注它做不到的事。你对自己的现状持一种批评的态度。

这种态度让你很难吸引到什么别的东西。只要你关于钱的振动，比如是挑剔、责备和不满，那么你对未来的钱的振动，也会是挑剔、责备和不满！如果你不感激你已经有的钱，就吸引不到更多的钱。你应该这样想："我感谢我现在的收入能够支付一部分账单。"这样，你关于金钱的振动就是积极的了。热情地感激你已经拥有的钱，就会使你以最快的速度得到更多的钱。即便你口袋里只有一毛钱，也要珍惜它。如果你发了一笔财，即便你还想要更多，也要珍惜这笔钱。要对你已经拥有的金钱有一种珍惜和感谢之情，不管钱多钱少。

"等一下，"你会说，"如果一毛钱就让我满足了，我会不会就只有这一毛钱了?"如果你正在发出想要更多钱的振动，就不会这样。不要把你发出的具体愿望的振动，与你对金钱的总体感激振动弄混了。感激你已经有的钱是基础，由此，你才能成功地向你希望得到的钱发出感激振动。事情还没完呢。

如果你想要的东西你一点都没有（比如你一分钱都没有），以至于你不只是要吸引来更多的东西，而是要从零开始，那么，对那个东西怀着积极的感激就更为重要了。比如，不能因为你一点钱都没有，就妨碍你总体上对金钱的珍惜和感谢。所以，如果你想"我一点钱都没有，我一无是处"时，别理会这些想法，要迅速把你的注意力转移到如下这些论断上来："别人能吸引来钱，我也能"，以及"钱是个好东西，我能感觉到它的美妙之处"。你的这些肯定论断，有助于你对自己的愿望保持积极的振动。

一旦你能珍惜和感谢自己已经拥有的东西，就该发射你的愿望振动了。

找一个不被打扰、不让你分神的地方，舒舒服服地坐好，闭上眼睛。想一想你希望吸引来的东西的值得珍惜之处。想一想它能带给你的好处。要从真正对你有意义的个人的角度去考虑。

还是用钱的例子。不要想的太笼统，比如“有了钱可以去旅行”，而是要更个性化、更具体一点：“这些钱可以让我和家人一起去参加迪斯尼海上巡游。”要全心全意地感谢你的愿望实现后能给你带来的好处。比如，要珍惜“更多的钱”带给你的安全感或舒适的美妙感受。要感谢这些美妙的感受。要专注地感激你想要的东西。

要这样竭尽全力地感受自己的感激，持续3~5分钟。然后，要放松下来。这样就可以了——你的感激振动已经发射了，它会去寻找能够满足你的振动的东西。感激会吸引来更多值得感激的东西。

如果你能像刚刚描述的那样，保持一种清晰、专注的感激振动，就没必要说更多了——你的愿望会以惊人的速度得以实现。然而，通常的情况是，总会有一些其他的想法和感受干扰你发射清晰、专注的振动。

比如，当你正感激时，“如果……怎么办”综合症就悄悄出现了：

“如果这不管用怎么办?”

“如果什么事也没发生怎么办?”

“如果我做的不对怎么办?”

这个单子可以没完没了。这些“如果……怎么办”反映了担忧、害怕或怀疑，有时三者都有。担忧、害怕和怀疑是不能与感激共存的。当你在担忧、害怕或怀疑时，很难同时有真心的珍惜和感谢。你的振动变得不协调了，并因此无法与你想要的东西匹配了。

如果你的感激振动中掺入了担忧、害怕或怀疑，就会造成一种自我应验的预言。你将无法全部实现自己的愿望，因为你没有最大程度地集中自己的振动。所以，当你正在竭尽全力发射你的愿望，而担忧、害怕或怀疑却闪现在你的脑海时，你只需要对自己说“现在我不必想这些”就行了，然后要立即回到对你想要的东西的珍惜和感谢上。

稍后，你可以检查一下你的这些担忧、害怕或怀疑，并想办法解决它们，用能够支持你感激的积极的想法替代它们，如下面表格所示。

担忧、害怕或怀疑	更积极的想法
如果这不管用怎么办？那我就得从头做起了。	如果不管用的话，我可以重新把这些步骤再做一遍。我会比之前做得更好。
如果我吸引来的是自己不想要的东西怎么办？	我正在发射一个非常具体的振动，我知道会物以类聚的。
如果我不会发射振动，什么都吸引不来怎么办？	我可以多加练习珍惜和感谢，我能够集中并加强我的感激振动以吸引来我想要的东西。
如果我的振动不够强烈怎么办？	随着我不断练习，我会产生更强烈的感激振动。
如果我想要的东西不想要我怎么办？	相似的振动会互相匹配。只要我确定了一个自己认为能够实现的愿望，没有理由我进行了感激还实现不了。
如果我做的不对怎么办？	如果我做得不完美也没关系，随着我多加练习，我会做得足够好，而且会越做越好。

祝贺你！你已经发射了你的愿望！现在，你已经准备好接收它了。怎么做呢，请看下一个步骤，让你的感激起作用。

第五步：让你的感激起作用

一旦你向自己想要的东西发出了感激振动，就要快乐、热情地期待它的到来，并始终注意它出现的迹象。在我们的例子中，这个迹象并不意味着今晚在枕头下面就能发现15000美元；也不是说明天一早你的老板会微笑着走进来，宣布给你涨三倍的工资。

它意味着，你的感激振动将开始以这种或那种方式吸引来与你想要的东西相符的体验、情形和人。你该做的是“让你的感激起作用”：对愿望的逐渐实现保持警醒，采取适当的行动促进它，对你吸引来的某些意想不到的振动保持开放的心态，并有意识地选择能够支持你的愿望的态度和感受。

例如，你的“将销售额提高3倍”的振动将开始与你的经历相匹配。你可能会在无意中听到一段对话，让你想到一个如何争取更多客户的主意；或者你可能看到了一个公告牌，让你想到了可以给客户提供某种优惠，或者老板给了你一个别人都觉得很难对付的客户。

这就是你“让你的感激起作用”的起点。不论什么时侯，只要有诸如此类的事情出现，哪怕与你的愿望的实现只有一点点联系，也要感激它，珍惜它，感谢它。要留意这类事情，并采取相应的行动。

例如，当你无意中听到一段对话，让你想到了一个吸引更多客户的主意时，不要只认为它仅仅是个“好主意”，而是要知道，这个主意可能就是获得那15000美元的一种途径。你要采取相应的行动。

当公告牌启发你可以给客户某种优惠时，拿起电话，打给你的客户，告诉他，并把优惠提供给他。

还有，当你的老板说：“那是史密斯先生，其他人都对付不了他，轮到你了。”你不要想：“唉，我的运气就是这么差，又是一个无法取悦、一毛不拔的客户。”相反，要感激这个机会：“我也许就能搞定这个吝啬鬼——谁知道呢？值得试试。”

所以，要对开始出现的与你的愿望相匹配的各种各样的振动保持警醒。要珍惜出现在你面前的各种主意和机会，要感谢它们，并采取相应的行动。

一旦你发出了感激振动，感激就不会停下来。随着你积极地发出感激振动，感激就既成了你的意图，也成了你的初始行动。但事情还不止于此。

想象一下你的愿望在一系列导致其最终实现的事件中展现的过程。随着这些早期机会的到来，你接受到了自己所发射振动的各种结果。利用这些机会采取行动是很重要的。行动才能让愿望成真。要运用你的常识和良好的判断力，来确定一个机会是否适合采取行动，因为不是每个机会都适合采取行动。但是，你要确保自己在适当的时候采取了行动。

当你向自己的愿望发出感激振动时，要对与之相匹配的各种振动有一种开放的心态，要对各种惊喜和意外保持接受的态度。你越是愿意自己的振动与各种振动相匹配，你的振动就越容易与你想要的东西趋于一致，你也就越能将自己想要的东西吸引来。

当然，对于愿望实现的方式，你有最终的选择权，控制自己的选择权是很重要的。如果不管你怎样努力，史密斯先生依然比吝啬鬼还吝啬，那么他显然无法与你的振动相匹配。那就走开吧。如果你在超市因为没有留神看路而滑倒了，然后有人说："嘿，地板是湿的，你可以起诉超市，你肯定很快就能得到15000美元。"你也可以置之不理。换言之，你的感激振动会和很多振动相匹配，你可以从中选择。珍惜、感谢那些与你的核心信念相符的振动，并采取行动，这完全取决于你自己。

对与你的愿望相一致的各种振动保持开放的心态，并让你的感激起作用，通常会产生意料不到的结果。例如，你对于有可能拿下史密斯先生的这个机会的感激，可能会给你的老板留下很深的印象（尽管你没有成功），以至于他会提升你，或给你分派一个真正有价值的客户。你没有理会"起诉超市"的建议，可能刚好被一个珍惜你的诚实的人看到了，他给了你一份薪水更高的工作。振动与你的愿望相匹配的方式，很多都是古怪的、令人吃惊的。

某些意外的机会，可能乍看起来像是悲剧。比如，你可能在向"三倍收入"发射了感激振动后没几天就丢了工作。"呸！"你喊道，"这可不是我想要的。"然而，这可能是因为你目前的工作无法产生与"三倍销售额"相一致的振动。当你让你的感激起作用时，可能会有震惊甚至恐慌的时刻，但不要绝望。在这种情况下，你要采取行动，并感激可以有机会重新整理自己的简历，掌握新技能，巩固自己的强项，改进弱项。

有了这种准备，你会对任何可能出现的机会都很敏感，不管那种可能性有多小，或是看起来与你的愿望有多么不相干。在不久的某一天，你向“三倍销售额”发出的感激振动，将与某个情形或某个能帮助你实现愿望的人匹配起来。你要做的就是，对到来的事情保持感激，并且要一往无前。

在此过程中，态度也很重要。你要期待愿望能够实现，并愿意保持耐心。不要每隔五分钟就问“钱到了吗”，就像孩子总是问“我们到了吗”不会让他更快到达目的地一样，问“钱到了吗”不会有任何帮助。

要抱有信任的态度。你已经发射了集中的振动，现在要相信那个振动一定会与一个类似的振动联接上。这是有科学依据的！始终带着强烈的感激之情，珍惜你的愿望，并对目前已经拥有的任何东西都保持感激，就不会有问题。

通过不断地珍惜和感谢已经到来的东西，同时期待着愿望实现，你的感激振动的力量就会增强，你追求的目标就会更容易、更快地实现。

你处于一种幸福地期待的情绪之中，因为你始终能感觉到你的愿望在逐渐得以实现。

热切地期望或快乐地期待你想要的东西是很重要的。这会防止你陷入一种渴望的状态——即，总想着如果得不到想要的东西会有多么不幸福。这种渴望与感激是相冲突的。你可以试试在珍惜和感谢某件事物的同时，对它保持渴望。你会发现这几乎是不可能的。要感激你想要的东西，而不是渴望它，这样你才更有可能将它吸引来。

就是这些了。遵循这五个简单的步骤，体验感激有多么神奇吧。下面对这五个步骤进行概括，为你提供了一份简便的指南，你可以随身携带，以备参考。这五个步骤可以应用于你所关切的任何情形，不管是想让你的婆婆或岳母尊重你、增进你的健康、改善爱情关系，还是获得一份满意的职业。

在后面的章节里，我们将帮助你开始把发挥感激力量的这五个步骤运用到诸如爱情婚姻关系和工作等具体情景中。

发挥感激的力量的五个步骤

第一步：选择你想转变的情形或吸引来的东西

- 描述出你想要的东西。要具体。
- 确保你相信自己的愿望是可能实现的。
- 需要的话，调整你的愿望，直到你相信它是能够实现的。

第二步：明确你的愿望背后的感受

- 搞清楚你的愿望对你意味着什么，问问自己，它对你有什么价值。
- 分析一下与你的愿望相关的感受是什么。
- 产生具体的珍惜和感谢之情。

第三步：清除有冲突的想法和信念

- 分析与目标相关的想法。
- 检查你对目标本身、目标的可实现性，以及你实现目标的能力的信念。
- 用积极的信念替代消极的或阻碍性的信念。
- 检查并改变任何消极的核心信念。

- 运用那些支持你的新信念的肯定性论断。

第四步：发射你的感激振动

- 感激你已经拥有的东西。
- 带着专注而强烈的感激，发射你的愿望振动。
- 清除任何妨碍你的担忧、害怕或怀疑的念头。

第五步：让你的感激起作用

- 对愿望的逐渐实现保持警觉。
- 采取行动。
- 振动与你的目标相匹配的方式多种多样，要接受它们。
- 采取信任的态度，并满怀希望地、热情地期待。

第 6 章

在爱情婚姻关系中运用感激

无论你在生活中的重要人际关系是你的配偶、伴侣、朋友，还是家人，这些亲密关系带给你的快乐或痛苦通常都是分量最重的。感激能使你在这些关系中体验到的快乐有极大的不同。尽管本章主要讨论的是转变或培养你与伴侣的关系，但是，我们所介绍的概念和技巧可以应用于所有的亲密关系中。

起初

没有人会在结婚的时候说：“五年之后，我们会彼此憎恨，然后离婚。”

没有人会在开始一段重要关系的时候，说：

“在三年之内，我就会很痛苦。”

“六个月后，看着这个人，我就会奇怪，‘我当初在想什么呢？我们一点共同之处都没有。’”

“在18个月之内，我就会被烦死的。”

“不出两年，听到这个人的声音我都会害怕。”

“不出四年，我就会受到虐待。”

“七年后，我会把这个人打个半死。”

没有人会这样说。当人们起初发现自己坠入爱河并海誓山盟的时候，他们事实上会说：“跟他或她在一起，我就像到了天堂，我们会永远幸福地在一起。”

那么，出了什么事儿呢？为什么当初的美妙关系变味儿了呢？因为我们都太笨？太天真？误入歧途了？

不。我们只是不再感激了。

感激与爱情相伴相随

当你初坠爱河时，感激你爱的那个人就像呼吸一样自然。爱人所说的每一句话，所做的每一件事，都让你陶醉其中。当你越来越多地看到那个人值得珍惜的地方时，你仿佛在经历一个奇妙的发现之旅。你珍惜你们在一起的每一刻。你珍惜爱人嘴里说出的每个字。你珍惜他在深夜打来的电话、令你惊喜的电子邮件、他的表情、他看你时的眼神以及他看待世界的方式。对所有这些以及更多的其他东西，你都无比感谢。

你感谢伴侣出生的那一天，感谢他或她走进你生命中的那一天。你惊奇、欣喜于你整个的生活发生了怎样的变化。他或她到来之前，生活枯燥乏味，暗淡无光；他或她来到之后，生活闪闪发光，熠熠生辉。你感谢你的幸运星。你一次又一次地回想你们第一次相见的情形，深深地感谢那一时刻，以及从那之后你们一起度过的所有时光。你处于一种持续、强烈、全身心的感激之中。

两年以后，当伴侣进门时，你连看都不看一眼，只是草草地问一句“嗨，今天怎么样”，就立即回头去忙自己的事了。你只是含糊地听到伴侣告诉你他或她的一天过得怎么样，但你根本没注意听，直到他或她问：“晚饭吃什么?”

你小声抱怨道：“难道你自己什么也不会干吗?”但你大声说：“随便你，亲爱的。”

“我猜又是叫外卖喽。”你的伴侣说，砰地关上了卧室的门。

你叹口气，心想：“唉，这就是婚姻的快乐。”

没有感激，爱情就会死亡

上述情景中没有丝毫的感激。没有一点珍惜，也没有一句感谢。没有了持续的感激，爱情就会死亡。没有了感激，爱情的感觉会被侵蚀，最终消失殆尽，只剩下两个人在一起的惯性。

这真是莫大的遗憾。当两人关系中没有了爱，你会大声嚷道：“你不在乎我了!”这其中暗含的抱怨是：“你不在乎我们的关系了!”

遗憾的是，发出抗议的那个人通常也不在乎伴侣或是彼此的关系了。不在乎意味着你不像以前那样珍惜你的伴侣或你们的关系了，你也不再感谢他或她在你生命中的存在。

感觉到伴侣不再在乎你或你们的关系，意味着你不再感到被他或她珍惜了，你也感觉不到他或她感谢你的存在。这是一种令人遗憾的状态，也是一种并不必然如此的状态。

感激让爱复苏

幸运的是，感激是最容易使爱再生的能量之一。你只需要从用感激的想法代替批评或负面的想法开始做起。当你改变了对伴侣和彼此关系的想法时，你的感情就会随之而来。一旦感激开始起作用，爱情的潮水就会再次奔涌。

艾琳，感激小组的一位成员，介绍了她的故事："我过去从未注意过我是否珍惜我的丈夫。我关注的大多是他做了什么惹恼我的事。后来发展到，我对报童的感谢都比对自己丈夫的感谢多。但是现在呢？即便只是看到他在窗户外面，或看到他在打电话，我都会看着他，想着我有多么感激他。而且，当我这样做时，我能保证那天夜晚一定会非常美妙。"

只靠感激就可以使日渐枯萎的爱情复苏，这基本上很少有例外。当然，其他的工具和技巧也有不可估量的价值，例如良好的沟通技巧、学会如何更好地协商和分享、主动取悦对方，以及要诚实可靠、值得信赖、支持对方、心思细腻。

然而，成功、有效地运用其他这些工具的意愿，要靠感激来滋养和激活。感激是筑就茁壮成长的、幸福的爱情关系的基石。

那么，从最初感激的幸福状态，到后来那种"随便你，亲爱的"的厌倦或讽刺状态，这之间到底发生了什么事呢？

是什么杀死了爱：挑剔，蔑视，戒备，抗拒

华盛顿大学的心理学家约翰·戈特曼博士，花了二十多年的时间研究夫妻的行为。在《婚姻成败原因》一书中，他用图表精确地说明了婚姻的动态变化，包括错的地方和对的地方。

戈特曼博士发现了破坏伴侣之间有效沟通能力的四种情形。这四种情形无可避免地会导致婚姻的不幸。

按危害程度从低到高排列，这四种情形是：挑剔，蔑视，戒备，抗拒。随着这些行为在婚姻中变得越来越常见，美好的感觉就会被排挤到一边，伴侣们会越来越难以发现双方关系或对方身上的好处。如果不加以制止，挑剔和蔑视会导致戒备和抗拒。戈特曼把蔑视时经常出现的辱骂行为比作攻击性武器，并指出，蔑视“可能是婚姻中最具腐蚀性的力量”。

感激：挑剔与蔑视的解药

戈特曼博士对挑剔和蔑视开出的药方是爱和尊重。感激是爱和尊重的实际应用。作为对付挑剔和蔑视的强效解药，感激可以把一种刻薄的、伤人的关系转变成充满爱的关系。而且，感激还会滋养处于萌芽状态的恋爱关系，使其度过冲突和分歧之类的正常的成长痛苦阶段，最终修成正果，而不会陷入挑剔或蔑视的歧途。

那么，应该从哪里开始做起呢？如何运用感激为你的爱情婚姻关系带来神奇改变呢？

感激你的伴侣

人们通常认为，只有找到那个“正确的人”才能造就一段良缘。但这只是一方面。对你来说，“正确的人”可能有很多；除了两个人根本合不来的情况之外，一段关系的幸福与否，不大取决于哪个具体的人，而是更多地取决于你如何看待他或她。

比如，当你刚刚坠入爱河时，你可能会为伴侣那友善随和的处世态度感到高兴，这些特质很好地平衡了你焦虑急躁的性格。然而，六个月后，当有些事情没有按照你想要的方式发生时，他的友善、随和就被你当成了懒惰。

你的伴侣没有变，但你看待他的方式变了。同样，你的果断曾是伴侣当初喜欢的地方，直到你的果断意味着你希望他做他没心情做的事，你的果断于是就变成了“控制欲”，你变成了“恶毒暴躁的人”。你也没有变，但你的伴侣对你的看法变了。

看法还会受到你当时感受的影响。当你感到被伴侣冤枉、惹恼或伤害时，你可能就会忘记你对他或她的喜爱之处，而只关注那些令你不高兴的事情。

比如，你可能会忽略伴侣对孩子的疼爱，只想着他是多么懒。这两种情况都是事实。你的伴侣可能会忽略你把家庭财务打理得多么井井有条，而只看到你是多么蔑视他所喜欢的体育比赛。同样，这两种情况也都是事实。

但是，当你只关注你对伴侣的不喜欢、不珍惜或不钟爱之处时，你就会感到怨恨。反之，当你关注你对他或她的喜欢、珍惜和钟爱之处时，你会感到爱。爱或不爱，都源自于你觉得他或她的哪些方面更重要。

当你感到不安全，感到被伴侣激怒，感到心烦或焦虑时，你很快就会对事情进行消极的解读。比如，他没有捡起袜子，你就会认为，他觉得那是你理所应当该做的事。当你把最后一片冷匹萨饼扔掉时，他会把这解读为你觉得他是个喜欢吃冷匹萨的懒汉。

你对伴侣做或没做的事情如何感受，源自于你对其行为的解读，而不是其行为本身。

我们每个人都会把他人的行为定义为在乎或不在乎，尊重或不尊重。然而，常常发生的情况是，你的伴侣对一种行为的定义可能跟你的不一样。如果你的伴侣在出门前没说“我爱你”，你可能会把这解读为“他不像以前那样在乎我了”。而你的伴侣会认为，这是因为“我着急走，而且脑子里正想着别的事”。当你的伴侣在同事面前称呼你“老婆”的时候，你可能觉得这是不尊重你。而你的伴侣可能会认为这是一种爱称。

大多数时候，我们不会和伴侣谈论他或她给任何特定行为赋予的含义。即使在谈起时，我们可能也会因此而争吵。比如，如果你的伴侣说他没说“我爱你”是因为他很匆忙，而且还在想其他的事，你可能会反驳说：“如果你脑子里想的事太多而忘了说‘我爱你’，那我就真的认为你不在乎我了。”

艾伦·T·贝克博士是认知疗法[①]的创始人，他研究了几百对

---

① Congnitivc thcrapy，认知疗法，产生自20世纪60～70年代的美国。这种心理治疗方法试图通过改变患者对已、对人或对事的看法与态度，改变患者出现的心理问题。——译者注

的夫妻。在《爱永远不够》一书中，他指出，当夫妻一方把一种行为定义为不在乎或不尊重的迹象时，他或她会开始发现对方一个又一个符合这个定义的行为。这像滚雪球一样。最终，曾经被珍惜的品质（诸如心思细腻、体贴周到、积极回应）都将经历贝克博士称之为“大逆转”的现象——这些品质都被与其截然相反的对立面所取代（在这个例子中，就是感觉迟钝、考虑不周、不愿回应）。这对两人关系的影响将是毁灭性的。

感激能够使你以积极的态度看待伴侣的行为，看到其行为的可珍惜之处，并对其表示感谢。当你带着感激的愿望解读伴侣的话语和行为时，你的爱意将会极大地增强。

特丽是感激小组的一位成员，她回忆起了当自己不再消极解读男朋友的行为，并开始感激时，她整个的观点发生了怎样的改变：

当我的男朋友说：“哟，谢谢你把碗洗了。”我会想：“噢，难道不是你想让我洗的吗?”然后，我会想：“好吧，或许他确实希望我洗碗，但至少他对此表示了感激。”但是，他并没有期待我去洗碗——这真是一个意外。他没有期待我做什么，然后当我做了的时候，我得到了感激！

你对伴侣感激的越多，就会发现更多可以感激的地方。要在一切顺利的时候练习感激你的伴侣，这样，当感情出现波折时，会有很多可以感激的事情帮你渡过难关。感激并不能保证感情不出现波折，但它的确能使你更容易渡过难关，降低伤害，减少损失，并常常使你们的关系更稳固、更充实。正如感激小组的一位成员托马斯说的那样："我一直善于把消极的一面扩大化。后来，我意识到，如果我把这种劲头用来放大积极的一面，我就能扭转局面，并使积极的一面更强大。"正是这种积极的力量，使得爱情关系更为稳固。

写下你的感激

把你对伴侣的所有珍惜之处都写下来——无论大小，无论意义重大还是滑稽可笑。如果你喜欢他仔细地一个一个擦干脚趾头的样子，就在纸上紧挨着"他总能让我笑"的地方写下来。这个清单是你为自己列的，不为任何其他人。花上几天的时间来完成这个清单，只要一发现伴侣值得珍惜和感谢之处，就把它添到单子上。要主动寻找更多可以感激的地方，因为你感激他的地方越多，爱的感觉就会越多。

然后，把你对伴侣的所有不喜欢或不珍惜之处也写下来。接着，从每一条中找出值得感激之处。比如，如果你不喜欢他对体育比赛的痴迷，你可以感激"看比赛让他很快乐"这一事实。把这一点写下来。你可以感激他对最喜欢的球队的一心一意，因为这就像他对你的一心一意一样。你可以感激体育比赛让他感到多么精神饱满、充满活力。你可以感激这让他和朋友之间有聊天的话题。所有这些，让你有可能清除掉诸如"我不喜欢他痴迷体育比赛"的消极想法的振动。没有了这个消极的想法，你的感激振动会更强烈，这会让你更爱你的伴侣。

这需要练习！下一次，当你的伴侣"扑通"一下坐到电视机前，还是看足球比赛时，你不要想："别再看球了！"因为这会破坏你们的互动交流。要让自己停下来，有意识地去想一些你对他这个行为的感激想法，比如，“噢，他又该高兴了——真好”，或“这家伙多忠实专一啊——永远支持他的球队”，或“这会让他在朋友圈里很受欢迎”。

但是，一定要真诚。如果在“这家伙多忠实专一啊——永远支持他的球队”之后，你紧接着想“但他却不陪我”，这就不是感激的想法了。你对自己得到的关注程度不满意，要把这个问题解决之后，你才能感激伴侣对体育赛事的关注。如果你能感激他在家呆着，至少身体是在家呆着的，那就可以从这一点开始。

一种振动会与相似的振动达成一致，并吸引到与之相匹配的经历。你越多关注伴侣行为的可珍惜和感谢之处，你对伴侣的感激就越多，你的爱相应地也就越多。

感激有助于良好的沟通

良好的沟通是一段成功的关系的基石，感激则为你提供了形成这种沟通方式的又一个工具。

你对自己伴侣的看法，影响着你对他的反应和行为。当你积极地感激他的时候，你会寻找他的行动和话语里好的一面。这种专注于感激的思维，会改变你的沟通方式，因为当你有意识地寻找值得珍惜之处时，你会从最好的一面来解读伴侣的言行。你不会怀疑他。你会寻求澄清问题，而不是直接得出结论，因为你不会找他的欠缺之处、失败之处。

比如，如果你在寻找对方行为的价值，想感激你的伴侣，那么当她说“你看起来很疲惫”时，你会把她的话当做对你的健康的关心。你会说：“谢谢，亲爱的，你注意到了可真好。是的，我是很疲惫。”而如果你不感激你的伴侣，你可能会说：“噢，谢了，不需要你来告诉我。”你会把她的话当成挑剔。正是这种解读，破坏了伴侣之间的美妙感觉。

根据戈特曼博士的研究，夫妻之间说的话，积极与消极的比率是固定的。关系良好的夫妻之间，每说五句好话才说一句消极的话。如果我们把戈特曼博士的 5∶1 的比率作为一种经验法则，你就能看出确保自己能多多地感激伴侣有多么重要。

所以，把感激你的伴侣当成一种习惯吧。那样，即使你偶尔忘了感激你的另一半，你们的关系中仍然是充满感激的。

在感激自己和感激伴侣之间取得平衡

在感激自己和感激伴侣之间保持一种平衡是很重要的。要重视你自己的立场、界限和愿望，同时，也要重视你的伴侣的立场、界限和愿望。

感激不应该把你变成一个只会说“是的，亲爱的，随你说什么都行”的机器人。感激并不意味着你总是要与伴侣取得一致。平衡你对自己的感激和对伴侣的感激，意味着在任何情况下，你都要认真考虑伴侣和你自己的珍贵自我、各自的愿望以及喜好。双方都不应该被忽视。

例如，假定你想存钱供孩子上大学，你丈夫想存钱买一部新车。要用感激来解决你们的分歧，两个愿望都要重视。不要抬高一个，贬低另一个。既要感激你关切的事，也感激你丈夫关切的事，你们要一起努力找出一个令你们两人都感激的解决方案。这样，你既是在重视自己，也是在重视你的丈夫，最终这会让你们两个各自都获益，对你们的关系也有益。

感激让你能掌控自己的感受

有时候，在爱的关系中，你会感觉自己好像是爱的牺牲品，总是被伴侣的脾气或情绪所左右。如果他心情好，你就觉得好；如果她脾气差，你也觉得糟糕。当发生这种情况时，你只是在对伴侣的情绪做出被动的反应，而不是保持你个人情感的完整性。感激有助于你保持良好的情绪，而不管你的伴侣当时的情绪状态如何。

比如，如果你的伴侣心情很糟糕，你要感激他正在发牢骚以排遣自己的情绪，并且就让他在那儿抱怨好了。你要通过提醒自己他让你珍惜的地方、你们的关系和你自己让你珍惜的地方，来保持情绪的平稳。把你的注意力转到让你感觉良好的事情上，并感激那种良好的感觉，以便加强和恢复你自己的感激振动。由于你并没有因伴侣的坏情绪而感觉糟糕，没有为他的坏情绪火上浇油，因此，他的坏情绪的振动会很快消散。

当你的伴侣状态不好时，如果你也受到诱导而自怨自艾，为自己感到难过，这就是一种自杀行为。你自怜自艾的抱怨会加重他的坏脾气，由此产生的振动全都是消极的，这会不可避免地吸引来消极的结果。而如果你能不去理会它，并保持自己的感激立场，就可以平息伴侣的消极振动的力量。

这并不总是很容易，但总是有回报的。正如感激小组的一位成员卡琳指出的：“让我恼火的是，在遭遇一种振动时，我不够坚定，不能怀着同情之心去轻松处理。我很难灵活妥协，只会报复性地回击。感激让我关注到截然不同的事情，我不恼火了。它让我有力量和意愿待在发火的人身边，直到我能够感激他们。”

把感激作为你的基本视角，并不意味着要对严重的问题视而不见。如果你的伴侣的坏情绪表现为破坏家具、喝醉酒或虐待，那么，感激自己就意味着你要立即为自己的幸福安全承担起责任。如果有必要，就离开他，不要让自己受到危险行为的伤害。即使在这种极端情况下，你也不必让伴侣的不当行为破坏你的感激振动，而要专注于感激你自己、感激你的幸福安宁，感激你为关心自己而采取的行动。

感激有助于解决问题

观点和喜好的不同以及各种各样的矛盾，在亲密关系中是在所难免的。通常，我们在争论中的立场都是“我对，你错”，而且谁坚持到底谁胜利。

当你既感激伴侣，也感激自己时，冲突就不再表达为“我对，你错”，而是“我的愿望是值得重视的，你的愿望也是值得重视的，我们两个人都对”。有了这种心态，感激就能够支持和促进问题的解决。你不再坚持就你一个人是对的。相反，你会积极地寻求重视双方的立场，这就为思考能让你们两个人的愿望都得到满足的解决方法打开了大门。

贝丝，一位感激小组的成员，讲了她的故事：

作为一对夫妻，我们做的一直不错，直到孩子出生。我丈夫真的很懒散，他是那种很温和友善的人。他抚养孩子的理念是，给孩子包上纸尿裤，放手让他自己玩就行了。而我的理念是，在眼力能见到的范围内尽量保护孩子，上亲子班，买一堆益智玩具。这种分歧引起了我们之间的严重争论。丈夫说我给孩子的压力太大了，而我会给他看各种研究结论，告诉他给孩子能刺激其发育的教育环境是多么重要。我们俩谁也不妥协，家里的气氛紧张得可怕。

当我开始学习感激时，我想："有什么地方可以试验一下感激吗?"我没法把丈夫的观点照单全收，所以我就问他为什么那么想。他知道我的观点为什么是那样的——我几乎整天在向他灌输我的观点。不管怎样，我强迫自己去听，去真正倾听他说的话，并尽量重视他的观点，最后，我认识到他的观点确实有些道理。我们的孩子确实既要有闲暇时间，也要有学习时间；既需要纯粹玩耍的时间，也需要有目的完成一些事情的时间。

一旦我愿意寻找我丈夫想法中有价值的地方，我发现自己很容易感谢他的付出，而且他也同样感谢我的付出。我们开始一致起来，为孩子提供两者结合的活动，而且我觉得孩子们的状态更好了。当然，我们还是会有分歧，会对抗（他很温和友善，但很固执），但是，现在我们能很快停下来，尽量在彼此的想法中找出值得感激的一面，所以，我们的争执不会持续很长时间，而且我们找到了一种更轻松地共同解决问题的方式。

感激促进合作

感激可以促进合作。当你感激自己和伴侣的做事方式时，你会愿意去寻找能够迁就双方喜好的方式，而不是固执地保持自己的兴趣和爱好。你们不会再为坚持“我的方式”而争斗，而是会共同寻找“我们的方式”。

争斗会毁掉你们的关系。相互之间的争斗会导致不好的感觉。当你们互相竞争的时候，结果通常是你们谁也不满意。而当你感激自己和伴侣的喜好时，你会去寻找能够满足双方喜好的方法。随着你们共同朝这个结果努力，你们各自的满足感都会增强。随着你的满足感的增强，你对自己的合作能力的感激也会增加，并且你会更善于处理夫妻关系。你们两个人都会感激你们的这种关系。

韦恩，一位感激小组的成员，讲了他的经历：

虽然有点怪，但现在我几乎是欢迎我们之间产生分歧的，因为这些分歧不会像过去那样把我俩拆散，而是会让我们更亲密，我们双方都得到了更多想要的东西。所以，去年当我妻子想做自由职业者的时候，我没有因为将要失去她的那笔收入而恐慌，也没有因为那个肯定会落在我身上的额外的财务负担而害怕，我知道我们可以谈一谈。

我知道我妻子会感激我希望两个人继续一起分担财务责任的愿望，她也知道我会尽力感激她希望探索新的职业领域的愿望。我们两个都决心保持对彼此愿望的感激，以及对我们的关系的感激。

抱着这种心态，我们认识到，如果能削减某些开销，如果我妻子能够和她的公司协商一下做兼职，给她时间让她自己完成工作的话，我们双方的愿望就都能满足。支持她追求新目标，并且知道她也支持对我重要的事情，这种感觉真好。当你明白这个道理的时候，这看起来很简单。但我觉得，如果我们不是已经能够轻车熟路地感激自己和对方的话，这件事可能真的会破坏我们的关系。我们可能会为了满足自己的愿望而相互争斗，而不是运用感激认识到我们俩的愿望都可以得到满足。

感激你们的关系

亲密关系本身就是一件值得感激的事。这种关系让你可以和伴侣一起体验人生。它能使你看到别人眼中的自己，尽管有时候这会让人烦恼，但这也是一种促进自我意识和自我成长的绝妙机会。这种亲密关系让你有人陪伴、被人喜爱、跟对方一起快乐、得到支持和关心，有人跟你一起分担责任，你们的各种能力和资产，包括精神、物质、情感以及财务方面，都会结合在一起。所有这些都是值得重视和珍惜的。通过感激你们的这种关系，你的生活中会有更多的爱。

比如，要珍惜早上醒来依偎在一个人臂弯里的美妙。要珍惜在床上半梦半醒地躺着，向乐意倾听的他或她讲述你的梦境的感觉。要珍惜能与一个关心你以及你这一天过得是否开心的人共进晚餐的珍贵享受。要感激这些具体的事情，以及这种关系所给予你的其他更多享受。

物以类聚。你越感激你们的关系，这种关系里可以感激的地方就越多。

当你感激这种关系本身时，你会开始从一种全新的视角去看待它。这种关系会被赋予更多的意义和重要性。你会更加愿意努力保持关系的发展。如果你发现你对婚姻或彼此的关系有了消极态度，即使是开玩笑的，也要把它们清除——感激的人的字典里没有诸如“婚姻如同枷锁”之类的话。消极的态度会阻碍你对你们的关系的积极的感激振动。无论多么不明显，这种消极的态度也会贬低你们的关系的价值，并导引出一种不开心的感觉振动。

有时，消极态度会在没说出来的话中表现出来。不说任何积极的话，就无法表达你对你们的关系的感激。就像一位感激小组的成员金姆所说的：“我想起了一位已经结婚20年的女士。她问她的丈夫是否爱她，她丈夫说：‘我跟你结了婚，不是吗？’婚后他从没有说过‘我爱你’，但是他认为她应该感激，因为他跟她结了婚。”这样一种态度不会支持和增强亲密关系。只有当你明确表达你的感激，并发自内心的时候，它的力量才是最强大的。

每天都要花点时间感激你们的亲密关系。要珍惜其中某些对你有意义的具体方面，并要心怀谢意。要全心全意地感激，即使只有一分钟。经常重复这种强烈而集中的感激，会神奇地令你们的关系爱意浓浓。你会上瘾的；就像一位感激小组成员丹说的：“我发现，我实际上很感谢有机会感激我的妻子，感觉真是一举两得。而且，我认为这是我在我们的关系中得到的最有价值的收获之一——真心感激她的存在的机会。”

面临不忠也要感激

如果你们的关系中发生了龌龊的事情怎么办？如果你的配偶不忠，你总不能说“我感激你的不忠”吧。你绝不会珍惜这种事，也不会感谢他或她违背婚姻誓言。要是能有东西掉到他们头上——比如天花板或是雷电，或至少是个平底煎锅——你会更珍惜和感谢的！

但是，感激还是能够产生重要作用的。如果你想保持你们的关系，你可以把伴侣的不忠当做一个叫醒电话来感激，感激它让你有机会好好审视一下你们的婚姻中缺少了什么，或你们两个的需求和愿望发生了怎样的改变，或你们的沟通是否出现了问题。一旦尘埃落定后，解决掉不忠的源头可能会使你们的关系更稳固、更幸福。

反之，如果不忠只是你未能成功处理的一大堆问题中的最后一根稻草，你可以感激自己要结束这段婚姻的决心。你可以珍惜和感谢自己在这段关系中学到的东西。你可以感激自己即将开创的美好生活。

在以上两种以及类似情况下，感激都可以改变你看待和处理一种不愉快状况的方式。感激可以让你不去埋怨和吹毛求疵，这两者会妨碍问题的解决。感激可以让你避免长时间的自怨自艾或是心怀受害者情绪的陷阱，这些会使你只是盯着问题而不去寻找解决方法。感激可以赋予你力量，促使你去想办法解决问题并继续生活下去。

感激能够化解权力之争

权力之争是由那种“要么听我的，要么就走人”的心态造成的。当伴侣中的一人或双方固执地拒绝从对方的角度看待问题，而彼此又不重视对方的这种固执时，权力之争就开始了。你想夜里开着窗户，她想关上：一整个晚上，你打开她关上，你又打开她又关上，争夺控制权的战斗十分激烈。如果你能够忍受公开的对抗，战斗会戏剧性地进行下去，并伴着大吼和尖叫。如果你受不了公开冲突，斗争就会变成消极抵抗：你在去卫生间的路上把窗户打开，她一觉得你睡着了就会把窗户关上；你夜里醒来又把窗户打开，她察觉到了你的动静，又等你睡着后再把窗户关上。在这两种情形中，你们两个都固执地坚持着“我的方式”。

感激可以化解所有的权力之争问题，使之变得无关紧要。当你珍惜伴侣坚持自己愿望的权利时，你就不会想或明或暗地压制这些愿望了。当你珍惜你自己的权利时，同样也不想让你的伴侣压制你的愿望。当你既珍惜你的愿望，也珍惜伴侣的愿望时，你会说：“我感激你的想法，就像我也感激我的想法。让我们想想办法，看怎样才能同时满足我们俩的愿望，这一定很有趣。”这样就不会再有权力之争了，只有需要两个人共同解决的问题。

辛西娅，一位感激小组的成员，谈到了她和她丈夫多年来一直存在的权力之争：

我们以前每晚都抢电视遥控器。你知道，谁拿到了遥控器，另一个人就得被迫看自己不想看的节目。看起来多么鸡毛蒜皮的小事啊。但我们那时就是这样，每晚都为这个吵来吵去，不是其中一个人愤然离去，就是一边看节目一边挑刺。

当我们决定尝试用感激来解决这个问题时，我们立刻就碰壁了。我怎么都无法感激摔跤比赛节目，而我丈夫受不了家居装饰节目。

因此，我们决定从感激我们两个人有不同的、但同样正当的爱好开始。对于何谓“同样正当”的爱好，我们有过几番争吵，但最终达成了一个两人都能接受的概念。接着，我们决定更进一步：感激我们不同的遥控器风格。我是那种“按一下遥控器，找到要看的节目，就一直看下去”的类型，而我丈夫是那种“遥控器就是为了让人不断换台”的类型。

我们发现，我们各自真正想看的也就只有那么几个节目，所以我们决定在这几个节目的播出时间里“不允许换台”。如果有喜欢的节目同时播出，我们轮流着一个看直播，一个事后看录像。其余的节目，我们每晚轮流控制遥控器。这个有点可笑的复杂规定，还真对我们起作用了。

请注意，真正起作用的只有一个因素，那就是我们两个既感激自己的选择，也感激对方的选择的坚定决心——这有时真是一种挑战。我的意思是，当你想看重播的《宋飞外传》时，中间却被换了三次台——你还会感激什么吗？有趣的是，即便这样，我们俩看电视的时间也都比原来少了，看书或聊天的时间更多了，并且我们更加享受在一起的时间了。我想，消除掉权力之争的因素，电视本身就没那么重要了。谁能想到会这样呢……

感激让人远离虐待

另一种形式的权力之争，实际上连一点争斗都没有，而是完全的支配。在一种虐待性的关系中，伴侣中的一方把自己的意愿强加给对方，要求对方完全屈从。控制和强迫会导致情感、精神以及身体上的虐待。

把感激作为主导原则，就不会有支配。如果你的伴侣珍惜和感谢你的存在，珍惜和感谢你的独特个性，他或她是不会想控制你的，因为控制你就会破坏你拥有自己独特的愿望、界限和立场的能力。

当你感激对方时，你不会、也不愿把你的意愿强加给那个人。同样，当你感激你自己——你的愿望、界限和立场——的时候，你也无法接受被对方支配，因为这会侵犯你的独特个性。当你感激自己时，即便你发现自己被引诱进了一种支配与被支配的关系中，你也会从中脱身的。

感激能消除嫉妒心和占有欲

嫉妒心和占有欲是不那么明显的控制形式。当你爱一个人的时候，那个人变得对你极为珍贵和重要，你害怕失去他或她。当你心生这种恐惧时，就会产生嫉妒心或占有欲。这是爱的自然结果，不是什么问题。

然而，当那种害怕失去伴侣的恐惧变成对对方的控制时，就是问题了。比如，你禁止你的伴侣见某某人，或查他的岗：去过哪里，和谁去的，去了多久。或许你的另一半去哪儿你就去哪儿，以防他被别人看上。最后，你只会得到与你所希望的完全相反的结果。试图控制伴侣，只会激起他对自由的渴望，而不能把他捆得更紧。他要么会日渐憔悴，并因为根本没有自由而感到抑郁，要么会离开你去重获自由。

然而，当你感激你的伴侣时，这种感激会让他或她更愿意和你在一起。想一想：当一个人珍惜你，明白你真正的价值，并告诉你他是多么感激你的聪明、个性、幽默感、古灵精怪或甜美的微笑时，你会想离开他吗？恰恰相反，他越不捆绑你，你越能自由享受他对你的感激，越可能想留在他身边。

把感激应用到爱情婚姻关系中

让我们来看看两种情形：转变一种不太好的关系，以及吸引一种全新的关系。你将看到感激的五个步骤是如何对各类关系起作用的。

转变一种不太好的关系

你不高兴。起初，你的伴侣眼中只有你，可现在他的眼中只有电视、电脑和他的朋友。你希望他多花一点时间陪你，但唠叨、敲打和恐吓都没太大效果。你快要放弃了，但他是个好人，你也确实爱他，所以你愿意尝试一下感激。

第一步：选择你想转变的情形或吸引来的东西

你希望你的伴侣多花一点时间陪你。这是个好的开始。现在，问一下自己，这对你具体意味着什么。要赋予你想要的东西以实质的内容。“多花一点时间陪你”是不是意味着你希望你的伴侣跟你一起做晚饭？花点时间和你进行有意义的交谈？和你一起散步？和你一起去商店买东西？和你一起玩拼字游戏？你可能会说：“我想要所有这些！”但是，如果你接着问自己：“我相信这些会全部实现吗？”你可能会承认你不相信，你觉得这些不可能都实现。

为了不让自己失败，要选择那些你相信有可能实现的事情。比如，你可能觉得有意义的交谈不大容易实现，而一起做晚饭或散步则更容易。你可以以后再逐渐实现其他要求。

第二步：明确你的愿望背后的感受

伴侣多花时间陪你，对你意味着什么？你可能会说：“这意味着有人爱我。”第二个问题：当有人爱你时你感觉怎么样？你可能会觉得平静、放松、快乐、安全。还有吗？伴侣多花时间陪你，会怎样改变你的生活？会怎样影响你？

当你仔细考虑你的愿望可能给生活带来的不同时，你会确定“伴侣多花时间陪你”的价值所在。你可能意识到，你会觉得和伴侣的联系更紧密了，你会比现在拥有更多的“在一起”的感觉。随着你思考“伴侣多花时间陪你”的价值，感谢之情会油然而生。要体会一下你对这一时间礼物是多么地感谢。

第三步：清除有冲突的想法和信念

“嗯，那是永远不可能的。”你心想，“老狗学不了新把戏，他旧习难改。他非常自私，不会为了我放弃他最喜欢的消遣的。”是的，如果你总是这样想，那的确是不会改变的。你的这种信念与你的愿望形成了直接的矛盾。

花一点时间分析一下你关于“伴侣多花时间陪你”的信念。问问你自己：“我真的相信他能够或愿意多花时间陪我吗?”然后，用更为积极的信念来消除你的矛盾信念，如下面的例子所示：

目前的信念	改变后的信念
他旧习难改。	旧习也只是一种习惯而已，习惯总是能改变的。他以前常常找借口不去健身，但现在他也定期去了。那就是他改掉的一个习惯。
他非常自私，不会为了我放弃他最喜欢的消遣的。	他以前只会给自己弄一杯咖啡而不管我，他会直接把报纸扔掉而不问我是否看过。这些习惯他都改了。所以，也许不是他太自私，而只是还没找到一个“好的理由”去改变。

正如我们已经指出的那样，在你改变信念的时候，你应该努力转变到你的新信念上来。如果你无法全心全意地相信你的新信念，那么它对你一点好处都没有。诸如“他总是先想到别人”这样的信念目前是不会让人信服的。你有太多关于他自私的证据。

你的那种“老狗学不了新把戏”的信念是一种核心信念，它不只会影响你们的关系，还会影响到你生活中的其他许多方面。你一定要改变这个信念。比如：

目前的信念	改变后的信念
老狗学不了新把戏。	可能这也不全对。有很多上了年纪的人还学会了上网。而且，有的人50岁还换工作呢——我看到过这种消息。所以，老狗或许能学会一些新把戏。

要每天重复一些积极的想法和论断，以帮你坚定新信念，比如：

- 人们向来都是可以养成新习惯的。
- 我丈夫可以养成一种新习惯。他以前养成过新习惯，他还可以再养成的。
- 老狗的确可以学会新把戏。
- 一切皆有可能。

第四步：发射你的感激振动

要从感激你已经拥有的东西开始。感激你丈夫现在实际和你在一起的时间，即便时间很少。比如，你们两个都会在洗手间刷牙。珍惜那一刻的相伴，感谢因为他在那儿而让你拥有的惬意舒适。不要让“我能得到的就只有这些”的想法干扰你。要留心伴侣实际和你在一起的所有时刻，并全心全意地感激它们。要有意识地忽略他没和你在一起的时间，持续强烈地专注于感激你目前所能享受到的和伴侣在一起的时间。

现在，你已经准备好向你想要的“更多时间”发射感激振动了。让自己的心安静下来，想象“更多时间”将带给你的美妙时刻。珍视这些时刻带给你的美妙感受。感谢它们。尽可能强烈地专注于感激“更多时间”，持续大约 3 ~ 5 分钟。然后，放松下来。

要清除掉任何诸如“这没用”或“他怎么才能改呢？我觉得他不会放弃看电视的”之类的疑虑或担忧，保持清晰而有力的专注。

让振动来解决如何将“更多时间”为你吸引来的问题。

第五步：让你的感激起作用

让你的感激起作用实际上是最有趣的一步。要对愿望实现的迹象保持警醒。如果你丈夫在看电视的时候突然对在另一个房间的你喊道：“嘿，亲爱的，你看过这个吗？”你可别不理他。

不要想：“难道他只能聊电视吗?!”跟他谈一些能吸引他注意力的事情，也许就是花“更多时间”陪你的开始。要留意这些小的改变。

你丈夫根本不可能某一天突然对你说：“我要扔掉电视遥控器，戒掉上网，再也不跟那帮朋友混了。从今以后，只有你和我，宝贝。”更有可能的是，你对“更多时间”的感激振动会以各种或大或小的方式，逐渐让你们有更多的时间在一起。

随着你持续地专注于感激你们在一起的任何一点时间，你或许会发现自己说的话或做的事都跟以前大不相同了。你可能会被感激的心态激励着说：“多好的天气啊，我想去河边那栋老房子看看。你想一起来吗？”你可能会产生一些看起来没什么道理的愿望，比如，让你丈夫教你怎么使用他新买的软件。行动吧！要遵循这些灵感的指引。这些正是你的感激振动寻求与你的愿望振动相匹配的方式。

你对“更多时间”的感激要保持乐观、期待和热情。要保持你的高度信心和感激的强度。“更多时间”很快就会变成现实。

只有一种情况感激不起作用，那就是在你伴侣的心中一点都不感激和你在一起的时间，这意味着不存在与你对“更多时间”的感激振动相匹配的振动。如果真是这样的话，就要咨询相关的专业人士（顾问、心理医生或心理治疗师），因为你可能需要重新考虑你们的关系了。

运用感激来吸引一段全新的关系

但是，如果你目前没有恋爱或结婚怎么办？你可能正渴望爱情，全心全意地心向往之。可是你遇见的人都是废物，而且即使是废物也不是经常能碰上。与此同时，所有的电影、广告以及结了婚的朋友，都好像在对你喊：“恋爱吧，结婚吧！”你在心中急迫地呐喊：“什么时候才轮到我呀？”如何运用感激吸引一段你如此渴盼的亲密关系呢？

第一步：选择你想转变的情形或吸引来的东西

你可能会说你想要“高个子、肤色健康、英俊”的人，但是，“高个子、肤色健康、英俊”的外表下面可能包裹着各种各样的特点，不一定都是你想要的。这样的外表之下可能潜藏着玩弄、奸诈和自私；或只是对柏拉图式的感情的热衷（那你的性生活怎么办）；或诚实、专一以及只为别人考虑。

要把你想要的伴侣描述出来。你不必想让人头疼的细节，但一定要概述几处你认为重要的特点。比如，一个人的头发颜色可能不重要，但诚实和幽默感可能非常重要。

接下来，要把你想拥有的这种关系的性质具体化。是伴侣关系？还是最好的朋友加上激情？或只是寂寞时的陪伴？还是与上述这些完全不同的关系？要选择最适合你的，而不是你的母亲或朋友们认为的理想伴侣。

然后，花一点时间弄清楚你是否相信你描述的“我想拥有的亲密关系”有可能实现。你真的相信会有一个长得帅呆了、超级有钱、三十五岁、经常乘喷气飞机到处旅行，刚刚因为参与拯救鲸鱼而获颁勋章的企业家爱上你，安顿下来，和你一起养育孩子，住在有着白色栅栏的房子里吗？如果你在心里大喊“是的”，那你就去争取吧。

但是，如果你经过仔细考虑，承认更适合你的人实际上是一个温和友善、有着自己独特的帅气、工作努力、关心家庭、收入不错、关心地球、每年都当志愿者参加社区清扫活动的人，那好，这就是你要争取的人。

在运用感激吸引目标的过程中，重要的不是你想要什么，而是你要相信你想要的东西有可能实现。你无法向你认为不可能的事情发射感激振动。那是不管用的。

第二步：明确你的愿望背后的感受

拥有这样一段关系对你意味着什么？你珍惜它的哪些方面？比如，是不是和某人一起共享生活？知道有人深深地关心你？有人和你分担生活的责任？一起养育孩子？把“我对这种关系的珍惜之处”写下来，以便你可以经常查看。

然后，问一下自己，当你处在这样的关系中时，你会有什么样的感受。舒适？安全？爱慕？快乐？喜悦？平静？激动？在你细想你对这段关系的所有珍惜之处和你将在其中享受到的全部美妙感受时，要让感谢之情充满你的灵魂。要对它微笑，让你的整个身心都注满感谢之情。让自己沉浸在这些感受之中，因为你要用这些感受来发射你的感激振动，以实现这种美妙关系。

第三步：清除有冲突的想法和信念

对于男人、女人和两者关系，我们的文化里充斥着不感激的、消极的信念。如果你想吸引来你真心渴望的亲密关系，就必须改变诸如下表所列的消极的核心信念。如何做到这一点，这里有一些建议：

目前的信念	改变后的信念
所有不错的人都已经结婚了。	的确有一些不错的人已经结婚了。但我只需要一个男人或女人。地球上有几十亿人，在我住的地区就有几百万人，肯定还会有那么几个不错的人。
男人只对一件事感兴趣。	没错，男人喜欢性，但我知道我的男性朋友们也有别的兴趣。如果他们可以这样，那么我吸引到的男人为什么不可以呢？
女人就是为了你的钱。	我被榨干了，离婚让我花了不少钱，但如果看看我某些朋友的妻子，她们也不都是那么贪心。
男人从来不想承诺什么。	不管怎么看，男人好像都是亲密关系中的逃兵；我上一个男朋友就是这样的，当我们开始认真的时候他却退缩了。但看起来确实也有人保持了长久的婚姻关系，而且这些人不知怎么竟然都克服了承诺障碍；所以，也许我也能吸引到一个这样的人。
女人就是想改变你。	我还记得我大学时候的女朋友，她不是这样的。而且我注意到我朋友斯坦的妻子也不是这样的，他们结婚很久了。或许我能吸引到一个不那么坚决要改变我的女人。

目前的信念	改变后的信念
结了婚就再也没有自由了。	嗯，结婚当然意味着我要解释清楚自己什么时间、去了哪里，以及和谁见了面。实际上这也不是太坏。我不介意有人关心我在哪儿、见了谁。或许，我们可以协商决定在双方关系中各自可以拥有多大的个人的自由——或许我可以吸引到一个能和我坦率地讨论这个问题的人。
婚姻是枷锁。	你知道，我并不真的相信这一点。我的前几段亲密关系可能并不成功，但我从不觉得另一半是我的拖累。

一定还要检查一下你有关自己的消极信念。比如，你可能觉得自己太老或太年轻、太胖或太瘦、太穷或太富、太聪明或不够聪明、太怎么怎么样，以至于吸引不到你想要的亲密关系。改变这种信念的最简单方法，就是客观地观察周围的世界。经过仔细观察，你会发现，各种体型、个头、种族、性取向、宗教、智力水平、财务状况、健康状况的人群中，都有快乐、健康发展、爱意浓浓的亲密关系。爱真的有自己的方式。赶走消极信念，你就可以形成一种清晰、专注的感激振动，以吸引你梦想的亲密关系。

要为你自己找一些论断，以支持你的新信念。比如：

- 每个人都有适合自己的人。
- 就在某个地方，我的完美伴侣就在那里。
- 我的各方面条件都挺好的，足以吸引到我想要的伴侣和亲密关系。

第四步：发射你的感激振动

跟往常一样，从感激你目前的情形开始。如果你因为没有伴侣而感到悲惨，那就要把你的注意力转移到感激你目前拥有的与家人、朋友、同事或宠物的关系上。珍惜这些关系中有人相伴。感激能和那些已经存在于你生活中的人分享经历、想法和感受的乐趣。要留心寻找已经实现了的梦想片段。

要留心你对那些正处于你想要的亲密关系类型中的人的反应。你对其他的夫妻感觉怎么样？在电影院里看到一对情侣接吻，你会嫉妒吗？你会不会因为觉得那不是你而感到不公平、愤怒？你是不是痛恨见到已经结婚或谈恋爱的朋友，只是因为自己还是单身而感到格格不入？如果你憎恨所有处于亲密关系中的人，就很难产生对亲密关系的感激振动。

换个新的角度去看待情侣们吧。要怀有感激之情，你可以说："我很快也会那样的。"要刻意培养一种对未来的亲密关系的热切期盼，把世界上已经存在那种亲密关系的每一种迹象，都看成向你证明"那种关系是存在的！而且我的就在不远的将来"的证据——并且要尽可能感激它。

要让自己的心平静下来。把在第二步形成的对你梦寐以求的亲密关系的美妙想法和感受调动起来。想着你对这种关系的珍惜之处，让你的心和灵魂充满感谢之情，感谢它的奇妙。提高你感激振动的强度，直到感觉你的振动强烈而坚定，保持这种强烈的专注大约3～5分钟，然后放松下来。完成。

每天都让你的感激保持活跃。这有时可能很难，因为在运用感激吸引亲密关系时，会面临一种特殊的挑战——你会很自然地产生渴望的感觉。渴望伴侣的出现，渴望地盯着热恋中的情侣，心想："什么时候，噢，什么时候才轮到我呢？"——这些都是人的本性。但不幸的是，渴望所产生的振动频率，与实际拥有一段亲密关系所产生的振动是截然相反的。渴望与满足或愉悦没有任何共同之处。你向自己热切期盼的亲密关系的未来发射了感激振动，你必须把渴望换成一种与这种感激振动相匹配的感受。

要清除渴望的感觉。这解释了为什么很多人说：“就在我认为我不会再碰到任何人，要放弃寻找亲密关系的时候，他就出现了。”当他们把渴望的频率清除出振动时，对一种亲密关系的感激振动就会清晰起来，并且就能与感激一种亲密关系的存在的振动相一致了。

如何在不放弃你对一段美妙关系的愿望的情况下，放下渴望的感觉呢？你要选择去想着你对目前生活中已有的关系的珍惜之处，而不是专注于生活中某种具体关系的缺乏。

第五步：让你的感激起作用

当你不断地感激自己目前的关系时，要留意出现在你生活中的新关系。你的感激振动将会以各种惊人和不可思议的方式，把你想要的那种亲密关系吸引过来；你对此要保持一种开放的心态。比如，你可能受到鼓舞参加了某一个活动，而没去参加另一个，你发现自己很想跟以前从未注意过的一个人说话。不要期待有什么显而易见的机会。不会有人突然出现，对你说：“嗨，我就是你一直在寻找的那个人。”

更有可能出现的场景是：你也许一时兴起加入了一个读书俱乐部。在几次聚会之后，你对俱乐部里一对上了年纪的夫妇说，看到他们的婚姻那么幸福、长久，感觉真好；在聊天过程中，他们提到他们的儿子下周要来，问你是否愿意一起吃顿晚餐。

你接受了邀请，但他们的儿子简直就是个呆子，可是他带来的朋友却很棒，就是他了！你就可以向你梦寐以求的亲密关系跑去了。

或者，一个老朋友不知怎么在你眼里变得有点不一样了，以前柏拉图式的友谊发展成了爱情。或者，你的狗狗在别人的草坪上便便，草坪上立着一块大大的“请看好您的狗”的牌子。当你想悄悄地清除罪证的时候，“美好”女士正牵着狗经过，同情地看着你笑；就这样，你的亲密关系就要开始了。

如果你的新关系没有像你希望的那样很快到来，就要检查一下你对于亲密关系的信念。振动就是经常在这里被搅乱的。相似的振动互相吸引，这是有科学依据的。要警觉，清除掉与你的愿望相矛盾的信念或感受。要坚持在一般的关系中、在你观察到的关系中，以及在你目前拥有的关系中，寻找可以感激的地方。你就会适时地吸引到你心目中的美妙关系。

人间天堂

当然，爱是亲密关系的基石，但光有爱是不够的。感激，尽管不是亲密关系中所有问题的答案，但它能为健康快乐的关系创造很多条件。主动感激对方，是健康发展的亲密关系的基础，它可以把爱的感受转化为爱的行动，它可以把爱的言语转化为爱的体验。

当你把爱的感受和爱的体验结合在一起时，你就真正地进入了人间天堂。

第7章

运用感激
获得富有回报和成就感的工作

对我们很多人来说，工作是一星期干5天、一年干50个星期，大约要干上50年的一件事。

工作，是生活中极为重要的一部分。不论你是家庭主妇、牙医助理、小公司老板，还是CEO，你的工作都会影响你的自我感觉和社会地位；影响你如何看待你对自己、家庭和社会的价值；而且，工作通常决定了你是否成功和富有。

“工作”这个词让你想起了什么？是对所热爱的职业的积极投入？你必须履行的一项职责？每次拿到的工资支票？你喜欢与之一起工作的很棒的同事？你希望避免的一种责任？一种打发时间的方式？能让你离开家的一个理由？一个能够与其他人见面的地方？各种挑战你才智的任务？责任太大但薪水太少？无休止的枯燥，夹杂着烦恼和沮丧？一个又一个的最后期限让你饱受压力？妨碍你与家人的相处？和同事的争论？粗暴、麻木不仁、苛刻的上司？

对于太多的人来说，工作是辛苦，是不断的挣扎，是直到我们退休并终于能够享受生活才能服完的刑期。

感激能够改变这种消极的看法。

当你透过感激的镜头看待工作时，工作会变得轻松顺畅起来，并且你会和同事、老板、客户一起致力于共同目标。感激有助于你认识到你的价值，认识到你能对更大格局做出的贡献。有了感激，工作就不再是苦差事，而是会支撑和提升你生活的一项活动。工作会给你带来快乐，并在这个过程中把快乐带给其他人。

心理学家丹尼尔·戈尔曼在《情商》一书中，描述了一个人对自己工作的感激带给无数陌生人的振奋：

这是纽约市一个八月的下午，天气闷热得令人难以忍受，这种天让人汗流浃背，闷闷不乐，浑身不舒服。我从麦迪逊大道坐公共汽车回酒店时，被司机吓了一跳。那是一个中年黑人，他脸上带着热情的微笑，友好地向我表示欢迎："嗨，你好吗！"我上了车。汽车在市中心拥堵的车流中爬行，他对每一个上车的人都致以问候。每个乘客都像我一样吃惊，但由于天气让人情绪低落，几乎没人回应他的问候。

但是，当汽车穿过拥堵的市区驶入郊外住宅区时，车内慢慢发生了神奇的转变。那个司机开始自说自话，为我们生动地讲起了途中的景色：那个商店正在搞大促销，这个博物馆的展览很不错，有没有听说下个街区的那家电影院刚上映的新电影？他对这个城市多彩生活的欣喜之情，感染了大家。当人们下车时，每个人都卸下了上车时那种闷闷不乐的外壳，当司机喊着"再见，祝你过得愉快！”时，每个人都对他报以微笑。

感激让你挺直腰杆

当你认识到自己在工作中的角色，并对其心怀感激时，你就能看到它的意义和重要性。职位问题变得没那么重要了，因为每个人的工作都是有价值的。你不再羡慕别人的工作或薪水。没有了攀比，你的自尊会提高。因为你感激你现在的状态，所以，你会做出更神奇的事情。

你会心甘情愿、慷慨地奉献自己，因为你感激你能够做出的贡献。感激自己，也会让你更容易感激别人的贡献。团队合作的理念会变成一种真心的、由衷的现实。

有了这种视角，你会对自己在工作中的感受负起责任。你不会等待别人来感激你做的事。相反，你会设定自己的标准，并感激自己在达到标准的过程中取得的每一点进步。你会有意识地用感激的眼睛看待周围的事物，你会在工作中发现很多可以珍惜之处。

即使目前的工作不是你最终想从事的职业，感激也会让你看到它给你带来的好处。正如感激小组成员杰森所发现的那样：“去年我大学毕业时，应聘的是投资银行的工作，但最后却干上了我讨厌的卖保险的工作。但是，现在我明白自己为什么到现在还在做这份工作了。销售这个职业，使我必须立刻百分之百地展示我能为客户提供什么。我不能退缩。我整个一生都需要掌握这种能力，而且我敢说，一旦我掌握了这种能力，投资银行这个领域就会向我敞开大门。”

有时，你可能会发现自己处于一种人人都在抱怨、挑错的环境中。他们的消极看法跟你是不相干的，因为你释放出的是感激的振动，不论别人的态度怎样，你的振动都会找到一个相似的振动。它一定会像飞去来器那样回到你这里，因为这是振动的本质。你会发现自己被人以这样或那样的方式感激着。哈罗德，一位感激小组的成员，发现感激的飞去来器没过多久就回到了他那里：

我已经开始感激我的工作了，真是出乎意料。我的意思是，按照那种老的感激定义，我一直是感激我的工作的："是啊，我真高兴有这份工作；我可以领工资了。"但这次不同。现在我已经有意识地感激了两个星期，而且真的突然开始有效果了。

今天我们开会，是部门会议。所有人都到场了，大约有六十个人。他们在谈论公司的理念。我是合同制雇员，所以并不算是这个公司的真正成员。但他们对我的工作表示了感谢，让我明白了自己是多么受欢迎；我以前没有这样感觉过。后来，我和我的顶头上司以及大老板会了面，他们告诉我，他们有多么感激我一直以来的工作，并问我是否愿意更改我的合同条款，更加融入这个公司。尽管还要进行一些协商，但最重要的是他们对我的认可。这太重要了。简直就是一个新境界。

那么，你怎样运用感激来改变你的工作体验呢？

在你的工作中感激你自己

要从感激你自己开始。问问自己：我为我的工作贡献了什么？贡献了什么技能？什么特殊的才干？我个性中的哪些部分——我的幽默，我的灵活，我的机敏，我的警觉，我的细致，我的毅力——为我的工作做出了贡献呢？

你很可能认为自己的特质都是你理所当然应该有的。不要这样想，要珍惜你的技能、才干以及贡献。要感谢你的能力。你会感到你的自尊几乎立刻就增强了，而且伴随着对你自身的素质和能力的真正拥有感，你的自豪感会随之提升。即使简单的像是知道什么时候该说“不”这样的事，也是一项可以感激的技能；正如一位感激小组的成员安东尼说的：“我很感激我知道自己能做什么、不能做什么。我很感激自己愿意以一种不伤害他人的方式维护自己的权利，并且会说，‘对不起，这不适合我。’”

当你在工作中感激你自己时，你就不会是一副受难者的腔调了：“没有人感激我，没有人在乎我，我做的事情对任何人都不重要。”你会感激你自己，你会在乎你自己！有了这种态度，你会产生一种能引发自己更多的值得感激之处的振动频率。你在职场中接触到的其他许多人，必然也会开始感激你。

感激并不等于傲慢或过分自我。不要把感激自己变成排斥别人，或把自己置于别人之上。感激牢牢根植于当下。你要珍惜你目前的技能和贡献，而不要想你与别人相比有多好或多差。

感激工作给予你的东西

当你让自己感激工作给予你的东西时，你首先想到的可能会是薪水；但实际上，工作对你生活的贡献要比这大得多。它为你提供了展现和锻炼才干、技能和能力的舞台。当你感激工作如何让你展现自己的时候，工作就已经不仅仅只是一份差事了；它在一种更私人和个人化的角度上变得更具有内在价值。工作成了一种自我实现的手段。感激小组成员玛利亚是一位律师助理，她说：

在我着眼于如何感激工作给我的东西之前，我只是把它当做一份收入不错，但压力很大、经常争论不休的工作。现在，我感激这是一个能施展我才干的好地方。我头脑聪明。律师们扔给我的活儿，让我能真正地施展我的聪明才智。

所以，现在当我面对诸多要求和种种最后期限的时候，我就像是在为自己加赌注一样。我会想："我真的感激能在这儿施展我的才干，所以，加油啊，才干，真正展现你本领的机会来了。"而且我很喜欢有一份需要我这些能力的工作。这样一来，压力就变得没那么大了，而更像是一个能让我应付自如的机会。

本章一开始提到的那位快乐的纽约公交车司机懂得，他的工作远不止是把乘客送到他们需要去的地方；他知道，工作给他提供了一个传播快乐和美好感受的途径。

感激工作赋予你的使命感

工作会给你一种使命感，而且你的工作会影响到其他人。当你感激自己的工作如何让你在这个世界上变得举足轻重时，你就会用一种全新的视角看待自己的工作。

比如，你不只是一个设计商用空调和供热系统的工程师。感激会让你看到，对于那些在装有你设计的系统的大楼里工作的人们来说，你使他们的环境舒适、健康。你的工作对人们整体的福祉做出了贡献，让他们更高效，更幸福。

作为一名家庭主妇，你不只是在打扫房间、做饭、接送孩子，你是在为家人的健康和幸福做贡献。你也是在为社区和国家的整体健康和幸福做贡献，因为健康、幸福的个体组成了一个更加繁荣的社会。你的工作给了你这个机会。要把你的工作置于一个更广阔、更有意义的背景中去感激，你可以从中体验到骄傲以及深深的个人价值感——如下面这些例子所示：

职业	更大的使命
清洁工	使人们工作的环境清洁舒适，以便他们在工作时可以更快乐、更健康，从而为公司或组织的整体成功做出贡献。
汽车特许经销店经理	根据人们的生活方式、家人和预算，帮其做出适合他们的选择；精明地经营，以确保其他员工工作的稳定；鼓励、支持和帮助员工做出成绩，以便他们能提高技能和业绩。
出纳员	帮助个人和公司打理财务，以便他们能够明智地计划预算和支出，这有助于他们获得成功并降低压力。

你可以用这种方式来感激任何工作：从经营夫妻店到体力劳动，从募款到饭店服务员，从录制歌曲到数据录入。不论你做什么——你的工作都有一个更宏大的使命。

感激你的同事、老板和员工提升你的生活

没有一个人是在真空里工作的。大多数人都是直接和同事或员工一起工作，而且大多数人都有上司。有太多的时候，我们会讨厌那些和我们一起工作的人，而且如果没有老板盯着会更开心。然而，感激会让人很乐于干自己的工作。想一想当有人说“谢谢你”，并指出他们为什么感激你的时候，你的感觉有多么好。

2001 年 9 月 11 日之后的几个星期里，把成千上万吨的残骸从世贸中心的废墟上运走的卡车司机们，得到了纽约市民自发的，公开感激：市民们排成长队，在卡车开过时，鼓掌并高举着“谢谢你们”的牌子。那些卡车司机脸上的表情值得一看：惊讶、骄傲，以及一种因被人感激而高兴的奇妙表情。

当你感激他人时，你会变得更愿意与他们协力工作，而且他们也更容易与你合作。他们知道你珍惜他们的付出，就像你珍惜你自己的付出一样。你知道并感谢你们每个人为共同目标所做的贡献。大家很容易和谐共事，每个参与的人都会茁壮成长。

阿尔菲·科恩在其《不是竞争》一书中指出，协同工作是“一种精明的、非常成功的策略，是一种能够完成工作的实用选择……它甚至比竞争更有效。”各种研究已经反复印证了这一点，不论是为了完成共同的目标还是个体的目标，合作都比竞争更有效。合作会增加获得资源的机会，激发创造力，为所有参与者带来更高的效率和更大的成功，并提升其心理健康和幸福感。科恩指出，在一个合作的情形中，没有失败者；每个人都是胜利者，

这就确保了高水平的自尊和互相尊重。

人们是如此习惯于被忽视或批评，所以，对于你公开表达的感激，他们可能会感到惊讶。有的人可能还会怀疑你是不是别有用心。不要管它——要继续真心感激别人；很快，大部分人就会相信并享受你的感激。

有时候，我们会忽略那些最应该去感激的人，比如那些总是愿意帮助他人的同事。不要把他们的帮助看成是他们理所当然应该做的，这很重要。你不仅要在心里感激他，还要向他表达出你的感激。感激可以是具体的，比如“谢谢你帮我按时完成了那个项目”；也可以是比较概括的，比如“我很感激你总是乐意支持和帮助我”。只是要记住去寻找可以珍惜的地方，并表达出你的感谢。

你能感激的事情是很多的。然而，你会吃惊地发现，在刚开始学着说出感激的话时，要花不少心思。大多数人都不会公开地感激同事，所以，你可能需要一段时间才能自然流畅地表达感激。这里有几个例子可以帮助你开始：

“谢谢你告诉我怎么修那个复印机。”

“谢谢你动作这么快，真的帮了我大忙。”

“我真的很喜欢你把候客室整理得那么好，谢谢你。”

“我感激你订购的设备，它很好用。”

“谢谢你把咖啡杯拿出来。”

“谢谢你提醒我那个约会。”

感激要具体，要恰当。感激一个人帮助了你，这是恰当的；然而，感激一个人的穿着却可能恰当，也可能不恰当：

“我感激你的专业素养，无论是在工作上还是在展现自我方

面。”（恰当）

“我真的很喜欢你穿的那些短裙。”（不恰当）

面对难以感激的同事和棘手情况

对于你打心底里就不喜欢的同事该怎么办呢？对于那个总是借你的订书机但从不记得归还的同事，或那个用你的业绩去邀功的同事，或那个因拍马屁而得到了本应该属于你的升职机会的同事，你怎么感激呢？

在这些情况下，感激更像是一种挑战，但值得为之努力，因为这可以改变你对那个同事的感受。比如，问一下自己，对于借你订书机的那个同事，你可以珍惜和感谢她的哪些方面。当然不是珍惜和感谢她不还你的订书机。但是，那个同事并不只是整天光借你的订书机不还；她还做了其他很多事情，还有很多其他的特点。现在，暂时别去想订书机的问题，要用具体而真诚的话语，主动地感激并表达感激。比如，让她知道她的幽默让你这一天倍感轻松，或者是她的某个好主意让你轻松完成了某个项目。连想都不要想你的订书机。

当你释放出由衷的感激振动时，你对这个同事的感受将会发生变化。她或者不再向你借订书机，或者开始记得归还订书机，或者会有截然不同的事情发生，比如她调到了别的部门。不管结果怎样，有一点是确定的：你的感激振动会让你发现那个同事的某些可以感激的地方，即便最后她离开了你们部门。

感激怎样才能帮助你转变一种痛苦的工作情形呢？比如，面对一个总是批评你工作的老板，你怎样才能运用感激让形势变得于你有利呢？感激小组成员克里斯是一家公关公司的客户代表，他告诉了我们如何做到这一点：

我们公司非常忙，总是有很多事情要做；对同一个项目，我会接到三四个人的指示。他们会突然来到我的座位，往我桌上扔个纸条，或给我电话留言；很多时候，我必须把他们说的话综合起来。有一次，我在为一个客户准备演示稿，我把每个人的意见都考虑进去了；我记得有一个人告诉我，“演示的时候一定要把钱数告诉客户”，我觉得这有点反常，但还是按他的指示把钱数加进了演示中。我的大老板大发雷霆。他把我一顿痛斥，说我应该知道不能讲钱数，现在客户很可能会拒绝我们的方案，我最好能把事情处理好。

很明显，那人说的是，“演示的时候一定不能把钱数告诉客户。”我听错了电话留言。我吓坏了。我从来没有被人这样指责过，我想：“我怎么才能扭转局面呢？我还得继续和老板共事，我也不能跑掉躲起来。我该怎么办呢？”

我又想：“那我就尝试一下感激吧，反正又不会损失什么。”所以我想，“嗯，我可以感激老板的愤怒实际上是出自对公司的负责，他想为公司做得更好，我可以感激这一点。”

奇怪的是，这让我平静了下来，我感觉好多了，不那么想为自己辩护了。我接着想：“我可以感激我心烦意乱的原因是我希望把工作干好。我为自己想做好工作而骄傲。”这也让我感觉好些了。不知怎么，感激让整个事情看起来不那么针对个人了，让我有可能重整旗鼓，并朝着好的方向继续前行。

感激还可以帮助你应对不满意的客户和顾客。不要只关注他们把你的生活搞得多么悲惨，要关注那个人有什么能让你感激的地方。感激小组成员斯泰西是一家电脑公司的客服代表，所以她很了解那些沮丧、不满的客户。当她开始用感激来回应客户的时候，她有了如下发现：

我整天都在听人们抱怨他们的电脑有这样或那样的毛病。大多数时候，人们的态度还是相当友好的，但有时候我也会遇到真的很愤怒的客户。因为电脑不像他们希望的那样运行，他们气得发疯，所以他们就冲我吼叫。以前我很生气，我会对他们很冷淡。当别人对你发火的时候，你很难对他们保持应有的热情和友好。

那天，一位女士打电话进来，她大发脾气，因为她的电脑识别不了打印机，她没法打印任何东西。好，这次我决定试一下感激，尽管我也很生气，并希望她别再吼了。我所能想到的只是在心里对这位女士说“我感激你，我感激你”，即使是在我向她询问一些所需信息以便能帮助她的时候。但我突然间明白了，这位女士如此生气的原因，是她很喜欢自己的电脑以及电脑能为她做很多事情。

我发现自己在感激她有多喜欢自己的电脑，这让我改变了对整个事情的看法。我告诉她，我明白她有多么生气，她肯定很珍惜她的电脑，珍惜电脑能为她做的事；她竟然抱怨到一半的时候停了下来，并说，“嗯，是的，我的确很珍惜”，接下来她平静了许多，我也能够完成这次通话，而且感觉还不错。这太神奇了。

你想看到自己的销售额飞涨吗？你想看到自己涨工资、升职吗？你想看到自己的生意兴隆吗？那就要感激你所能提供的东西，无论是一件产品还是一项服务，并感激那些购买和使用它的人们。当你真正感激你自己、你的产品或你的服务时，人们能感觉到你的感激，并被你发出的振动吸引过来。你的感激得到了奖励：它鼓励你做最好的自己，发挥自己最大的能力投入工作。这样的态度毫无疑问会帮助你取得成功。

当你深深地、全心全意地感激你的客户或顾客时，他们是会知道的。虚假的微笑不管用，振动是不会被愚弄的。每个人都知道，二手车销售人员那老一套的微笑和友好只是一种掩护而已。他们实际发出的振动，通常是一种对自己“符号性微笑”的蔑视，这只会吸引相似的振动：人们也不很尊重他们。

要尊重你的客户和顾客。要珍惜他们。不要只是因为他们购买了你的产品或服务而感谢他们，还要将他们作为一个独一无二的人来感谢。要关心他们的幸福，感谢你如何用自己的产品或服务为他们的幸福生活做出了贡献。发射强大的感激振动，你将很容易吸引到对你自己和你的产品或服务的相似的感激。你的成功是你的感激自然振动的结果。

职场感激小贴士

1. 感激热身

在一天的开始，做一个3～5分钟的“感激热身”，让自己为成功的一天做好振动上的准备。在你整理即将到来的这一天的思绪时，根据工作性质和爱好，你可以选择在家里做热身；也可以在汽车、公交车、火车上；或是在你的单位或公司。

热身有三步：首先，简要回顾一下你对于工作的总体感激之处；然后，确定你打算具体感激这一天的哪些事情；最后，描述一下你对自己的感激之处，以及你这一天所能作出的贡献。

有些人是闭上眼睛在心里默默地做热身，有些人则喜欢把它大声说出来，或用日记的形式写下来。

感激小组成员黛安管理着一个餐厅。她是这样进行感激热身的：

通常，我会从感谢我有这份工作开始；我感谢我做的是我喜欢的事。我想着我是多么感激能和别人一起工作，感激我能够让人们的用餐时间尽可能愉快。我想着所有的工作人员，我很感激他们干得不错。然后，我专注于感激今天所有来就餐的人。我感激自己，感激我擅长自己的工作，感谢自己不论发生什么事都能处理好，餐饮业总是会有点什么事情发生。当我在上班之前做好感激热身时，会让我一整天都有个好的开始。以前我去上班时很心烦，一整天下来愈加心烦。现在我不那么心烦了，一切似乎都变好了。真不错。

2. 工间感激

每当你进行工间休息时，不论是去喝咖啡、上洗手间、吃午饭，还是其他任何形式的休息，同时也做个“工间感激”。在你啜饮着咖啡或是洗手的时候，问一下自己：“此时，在这里，我能感激点什么？”

有时候是很简单的感激，比如，“我很感谢这点休息时间!”有时候是，“我感激我今天过得不错”，或“我很感激今天早上和主管一起把那件事解决了”，或“我感激我今天想出了不少好主意”。

感激什么并不重要。重要的是，关注你珍惜和感谢的东西，会增强你对工作的总体感激程度。你在职场的信心和价值感会大大提升，你会感觉找到了工作的目标和意义所在，你会感到更有效率，所有这些会让你更加成功。

3. 下班时的感激

就像你用感激开始一天的工作一样，要花3～5分钟的时间用感激来结束这一天。回顾一下这一天，记住你珍惜和感谢的地方。一定要包括珍惜你自己。这么做了一个星期之后，感激小组成员、保险代理人史蒂夫注意到了一些不同：“起初感觉这有点滑稽。我想这很可能是在浪费时间，但好吧，我可以试试。所以，在回家的路上，我回顾了我的一天，让我吃惊的是，我竟然发现了那么多可以感激的事情。这让我心情好转，而且我发现当我到家的时候，也不像平常那样筋疲力尽了。我妻子说我一整个星期脾气都没那么暴躁了。我猜那是感激起了作用。不过，我忘了感激我自己，这个星期我必须记得才行。”

考虑到感激可以抚平你杂乱的心律和脑波，并使它们趋于和谐，那么，如果说做一个感激收尾能帮助你在好的情绪中结束你的一天，则是有道理的。这样做还会增强你对工作的总体感激程度，为你带来更多的个人实现和满足感。

把感激运用到职场中：以升职为例

让我们运用感激的五个步骤，在大多数人迟早都将面对的一种情形中吸引来想要的结果：升职。

你觉得工作太繁重，自己的价值不被认可，而且薪水太低。你有好几次都被列入了升职的名单，但总是被淘汰。你向任何一个愿意听你倾诉的人抱怨这是多么不公平、你是多么惨，但这些都没有用。你愿意尝试一下感激。

第一步：选择你想转变的情形或吸引来的东西

你已经做出了选择。你想被提升到一个具体的职位上。你要熟悉那个职位的责任和义务，以给你的选择赋予具体的内容和真实感。搞清楚你将和谁一起工作，这个职位的直接上级或其他上级是什么样的人，以及他们的潜规则是什么。你对那个职位的细节知道得越多，你就越能清晰地感激它。

第二步：明确你的愿望背后的感受

这次升职对你意味着什么？它对你有什么价值？你的第一反应可能是“薪水更高”，但要问一下你自己，薪水更高会怎样，对你的意义是什么，要具体点。是那种能够轻松支付账单的美妙感觉吗？终于能往储蓄账号里存点钱的安全感？能重新装修一下陈旧的厨房，还是能去健身房？感受一下你将会多么感谢高薪水为你的生活带来的好处。你越是能清楚地描述出来这些感受，就越容易向更高薪水发射并保持一种感激振动。

想一想这次升职的其他相关方面：新的责任和义务对你意味着什么？你对它们感觉如何？你是否珍惜你将更能施展才干和技能的机会？你期待学习新的技术和方法，接手新的、更具挑战性的项目吗？你渴望成为新团队的一员吗？你热切期待新的同事和主管吗？让自己去感受一下你对新职位将带给你的一切之浓浓谢意。

第三步：清除有冲突的想法和信念

把不支持你升职的想法和信念清除掉。当你一想到升职的时候，有什么想法令你烦恼？比如：

目前的信念	改变后的信念
我不可能升职。我将会再次被淘汰。	事情总是变化的。我换了种方式争取这次升职，我会得到不一样的结果。
这全都取决于你认识什么人，而我并不认识什么有影响力的人。	其他方面比你认识什么人更重要。这次，我的技能和素质会起作用的。
人们是如此习惯于看到我在目前的职位上工作，以至于他们不会想到让我担任其他职位。	我现在的工作不能代表我的全部。我能表现出更强的能力，所以，人们会用不同的眼光看我的。

一旦你清除掉了那些可能会妨碍你发射专注振动的想法和信

念，就能创造出一些有利于你保持清晰专注的振动的论断，比如：

- 我总能拥有天时地利。
- 我能得到我想要的东西。
- 我能轻松愉快地获得成功。

要经常充满激情、热忱地重复这些论断。

第四步：发射你的感激振动

要形成对一个新愿望的感激振动，始终要从感激你已经拥有的东西开始。即便你憎恨目前的职位，也要用新的眼光去看待它。有什么是你能感激的？你的职位对你有什么价值？想一想你的职位曾给予你的东西。要感谢你从中学到的技能、遇到的人，以及获得的经验。不管怎样，这些全都对你的福祉有所贡献。

不要总想着你目前所在职位的消极方面。当产生诸如“我真受不了那个同事”或“文书工作会让我疯掉的”之类的想法时，就要放下这些想法，通过感激你工作的某些方面来安慰自己，无论那些可感激之处有多小。要保持专注，提醒你自己为什么要练习这种自我约束：是为了保持你对新职位的感激振动尽可能地强烈。

准备向新职位发射感激振动。找一处安静的地方，让自己放松下来。唤起自己对新职位的感激的想法和感受。想着新职位将带来的各种快乐：钱财上的，工作中的，以及个人的快乐。随着你感激振动的建立，让自己对这些快乐的幸福感受和感谢之情注满整个身心。一旦你感觉到振动变得强烈而专注，要尽可能地保持3~5分钟，体会那种涤荡着身心的美妙感觉。然后，放松下来，继续这一天的工作和生活，让自己沐浴在感激之中。

当第二天、第三天、第四天你还是在做原来的那份工作时，要抵制任何让你痛苦或意志消沉的诱惑。要提醒自己，你的感激振动需要花点时间去挑选其他的振动，并使自己与你的成功相匹配。要相信这个过程，要保持你真心的珍惜和感谢，保持你强烈的感激振动。

第五步：让你的感激起作用

现在，开始寻找升职实现的迹象。这种迹象出现的形式可能是：一个为高级管理层提供的培训研讨会不知怎么引起了你的兴趣，即使你还不是高级管理层。你采取了行动，去询问你是否可以旁听那个研讨会，你这种想提高自己的努力引起了在场的头头们的注意。或者，这种迹象出现的形式可能是：一个同事需要帮助，你乐意主动提供帮助的举动，使你比其他竞争这个职位的人领先了一步。

或许，你想到了一个高效率完成任务的方法，然后你主动写了一份相关报告。或者，你开始以自信的态度工作，不再抱怨，然后你乐观向上的态度给管理层留下了深刻印象。不管升职的迹象以哪种形式出现，你都要准备好抓住机会，坚持你认为适合自己的事情。灵感只是启动了事情，行动才是关键。

工作，以及与之相关的一切事物——你的同事、客户、顾客、老板、你的薪水、升职，以及其他所有的东西——给了你一个绝妙的机会，让你可以应用你的感激技巧。你不会再把工作当成一件苦差事。相反，感激给了你工具、信心和动力，让你可以把工作还原成它应有的本来面目：快乐、成功和成就感的来源。

第 8 章

你的孩子与感激

一个个头比同龄孩子要小的 7 岁男孩，哭着从他的同学那里跑开了，他们叫他“娘娘腔”和“胆小鬼”。

一个 10 岁的孩子，因为打了别的孩子并偷了那个孩子的午餐钱，被第 N 次叫进了校长办公室。

一个 13 岁的孩子，盯着一黑板无法理解的数字，心想还是跟伙伴们一起逃课比较酷。

一个沮丧的 14 岁女孩，出神地盯着背叛了她的男朋友的照片，打算自残或来个厉害的——割腕。

一个愤怒的 16 岁男孩，因为怪异的外表和穿着，一再遭到同学们的冷落和排斥，在餐厅向同学开了枪。

这些情形看起来迥然不同，有最普通的，也有最极端的，但所有这些孩子都有一个共同之处：他们都遭受了缺少感激之苦。他们不珍惜自己，不珍惜他人，或不珍惜生命本身。没有了珍惜，他们就很难感谢什么，所以他们无法感激。

然而，当一个孩子受到感激，并学会感激时，奇迹就会发生。例如，《洛杉矶时报》2003 年的一篇文章，报道了在克拉克大学的所在地、马萨诸塞州伍斯特市的一个极度贫困的城区中，发生在一群孩子身上的故事。

历史上，当地的居民和克拉克大学的人一直怒目相向，严重到了克拉克大学校方开始认真考虑把学校搬离这个城市。在经过若干次试图以传统的方式改善关系并失败之后，克拉克大学校方认识到必须做点儿不一样的事情了，一些能够解决这里的贫困、凄凉的根源的事情。他们的解决办法是，在与大学一路之隔的地方新建一所免学费的公立中学，并从当地居民中聘请了一位有奉献精神的教育工作者来管理学校。大学校方表示，他们“对孩子们有信心，对邻居们有信心”，这是感激孩子们和邻居们的另一种说法。

学校工作的各个方面都以感激为主旋律。来新学校上学的孩子们，很快就被教给感激他们的学校并相互感激：不允许欺负别人，不允许说脏话。教师们对孩子们的感激，是通过为他们设立高期望值，并帮助和指导他们实现这些期望来体现的。班级都很小，教师们投入了大量的时间，而且，经常还有大学里的学生来这里帮助孩子们。

结果是无可争议的。自 1997 年学校建立六年后，第一届毕业班的每一个学生——几乎都来自甚至连英语都不会说的特别贫困的移民家庭——都轻松通过了严格的全州学业水平测试，并且都打算上大学，这在以前被认为是不可能的。不仅如此，周围地区的犯罪行为和其他衰败状况都减少了。

这就是感激的力量。

唐·艾里姆和珍妮·艾里姆在《养育儿子》一书中，谈到了感激的力量；他们是通过说一个孩子值得赞赏的特质来运用这种力量的：

对于世界上很多种族的人来说，儿子的独特特点必须由特定的成年人加以认真鉴别。这个男孩的这种特点会受到赞扬、尊敬（感激），并得到培养。

如果他很腼腆，并沉迷于自己内心的想法、感受和梦想，可能就会被称为“专注于内心的人”。他可能不是最凶猛的勇士，但是，当部落里的某个勇士心情沮丧或情绪烦乱时，就会去找他这个“专注于内心的人”帮忙理清烦恼。这种第二个“名字”，以最有意义、最积极的方式凸显了一个男孩的主要特质……

我第一次遇到约翰时，他 13 岁。我担心他的“第二个名字”会是“摧毁所有成年人的理智的男孩”。他身后跟着一长串的缓刑官、辅导员、老师和社工，足有一英里长。

经过很长时间，我和他才建立起了信任，我终于对他有了尽可能清楚的了解，能给他起“第二个名字”了。我叫他“能搬动大山的人”。我告诉他，“只要你想，你就可以搬动一座山。你惟一的问题是，你总是把山搬到自己的路上，而不是把它们从你的路上搬走”……这成了我们之间的玩笑话：“这个星期你把什么山搬到自己路上了？你从自己的路上搬走了什么山？”过了一段时间，约翰学会了如何不惹是生非，并学会了如何选择自己的生活……“能搬动大山的男孩”现在正在申请上法学院呢。

正如这个例子表明的那样，感激能赋予孩子们力量，让他们不再感到无助，不再感到自己是个牺牲品，而是感到强大和自信。通过说出并感激他们的长处，我们能帮助他们发挥各自独特的天赋和才能。

感激无法解决孩子们的所有问题和困境，因为生活远比那复杂得多。然而，感激可以为孩子们提供一个至关重要的基础，使他们能够获得快乐生活的潜能，以及更成功地面对生活挑战的本领。这个基础有三块基石：感激自己，感激他人，感激生活。下面的表格显示了每一块基石如何影响孩子成长。

感激	发展出的品质	结果
感激自己	珍惜自己的存在。	被赋予力量，自信；相信自己的能力；内心有安全感；减少基于恐惧的信念和行为。
感激他人	情感共鸣；尊重别人的存在，不论他们做什么或有什么。	能与人合作、协商，即使在面对分歧和矛盾的情况下，也能寻找建设性的解决方案；减少顽固、偏见、憎恨和暴力行为。
感激生活	与自然、他人以及所有生物都有紧密相连的感觉；胸怀广阔。	灵活，能驾驭生活起伏，能接受变化；愿意为了大多数人的利益而合作。

感激你的孩子：婴幼儿时期

你的孩子感激自己、别人和世界的能力，来自于你——孩子的父母。不论你是妈妈、爸爸、单亲父母，还是养父母，如果你从孩子很小的时候就照料他们，你就是对孩子的一生影响最大的人。

孩子是以你为榜样来学习感激自己、感激别人和感激世界的。从最基本的层面上来说，当你感激你的孩子的时候，你是在告诉他们，仅仅是他们的存在本身就是有价值、有意义的，他们很重要，而且你感谢他们的存在。

爱德华·尚弗朗斯基博士，加利福尼亚州佩珀代因大学的临床心理学教授，在1988年的一次访谈中这样说道："当我们还是躺在婴儿床里的婴儿时，我们真正需要的是早上醒来的时候，爸爸或妈妈看着我们，用那种可爱的宝宝腔调说'噢，你起来了！太好了！你醒了！'就是这样——从我们出生后，我们就被感激，被珍视；妈妈很高兴，爸爸很高兴，只是因为我们睡醒了。"

婴儿几乎没有自我意识。她通过你的眼神、你的反应和回应来发现自己是谁，以及她是否有价值。比如，当你的宝宝高兴地咯咯笑着，指着她婴儿床上方吊着的小铃铛，而你用自己快乐的宝宝腔调和她一起笑时，你就是在用自己充满喜悦的回应来证实她的快乐体验。当你这样做的时候，你让她知道了她的体验是有价值的，因此她的存在也是有价值的。

当你在玩耍的过程中胳肢他的小肚子的时候，你不仅是在映射并证实他的体验，而且是在与孩子的情绪保持合拍，并把这些情绪以积极的方式反馈给他。

心理学家和神经生物学研究人员艾伦·萧尔博士，描述了这个映射、证实和合拍的过程对孩子的影响：它直接影响孩子的大脑发育，促进右侧眶额皮层中回路的健康形成；眶额皮层在很多高级大脑功能——诸如自省、情感共鸣以及道德行为的养成中发挥着作用。

当眶额皮层存在结构上的缺陷或损毁时，人很可能无法产生情感共鸣。情感共鸣，是把自己放在别人的位置上考虑问题的能力；那些反社会的人缺乏这种能力，他们不把人当人对待，并伤害他人，而不顾他们给别人带来的痛苦。没有情感共鸣，就很容易轻视别人，并因而伤害别人。

很明显，大脑的健康发育还涉及很多遗传基因之外的东西。萧尔博士的研究表明，大脑的结构性组织以及大脑回路（即大脑的“硬连线”）的功能，取决于父母理解并调节孩子的感受和需要的能力；尤其是在孩子出生后的头两年。

萧尔博士还指出，在婴儿10～13个月大的时候，他们和父母之间高水平的积极情绪共享，对于在其大脑回路里创建通往快乐的永久路径来说，是至关重要的。大多数父母本能地知道如何以下面这些简单的方式，与宝宝分享积极的情绪：

- 你的宝宝对你微笑，你也对他微笑，并说“多开心的孩子呀！”
- 你正在给宝宝喂奶，你和她眼神相遇，并充满爱意地望着她。
- 你那刚开始学走路的宝宝有点兴奋、躁动，你摇着他，并有节奏地重复，“我知道，我知道”，以安慰他。
- 你刚开始学走路的宝宝独自迈出了走向你的第一步，你伸出双臂，兴奋地抱住她，祝贺她：“看看你呀！你成功了！你完全是自己走到妈妈这儿来的！”

对于孩子来说，感激不应该是偶尔才能享受到的奢侈品。感激对于他们大脑的健康发育、心智和情绪的茁壮成长，以及他们未来的幸福和成功，都是至关重要的。

感激你的孩子：成长时期

对于大多数人来说，感激自己的孩子是一种本能。当你的孩子乖巧可爱时，你最容易感激他。然而，任何一位父母都知道，从出生到成年，孩子的这种乖巧可爱常常交织着他的挑剔、难缠、惹人生气、讨厌或不可理喻。这种时候，感激可能就被抛到九霄云外了。

这时，你传递给孩子的信息可能是，“你只有在乖巧可爱的时候才是有价值的。如果你不像我期待的那样，我就不感谢你的存在。”这样，是否感激便与是否赞同绑在了一起，这是个危险的信息，因为这是在告诉孩子，他没有自己固有的价值，他的价值取决于他的行为、感受和愿望是否与你认可的东西一致。

此时的挑战——的确是个挑战！——是要在帮助孩子成长为一个负责任、有责任感、完善的人的同时，为孩子的独特自我赋予力量。

比如，你两岁的孩子正在把所有的锅碗瓢盆一件一件地从橱柜里拿出来，高兴地胡乱敲打着。你正在无助地阻止他，因为你正打着电话，处理一件特别棘手的业务。你一点都感觉不到感激。事实上，你的怒火和沮丧每分每秒都在增加，以至于当你挂掉电话时，你所能做的就是一边大喊“别敲了，你这坏孩子！”，一边把他抱起来丢到他的游戏围栏里，任他一个人悲伤地嚎啕大哭。这时，你的宝宝感觉自己毫无价值。他在探索声音的奥妙，但你却认为这毫无意义，因此他认为他自己对你也毫无价值。

有了感激，情况就会不同。你同样会感到沮丧（毕竟你是人），但是在与宝宝互动之前，你会深吸一口气，让自己平静下来。然后，当你把宝宝从那堆锅碗瓢盆中抱出来时，你会说“你是个很棒的鼓手；能弄出这么响的音乐！”通过找出一些可以感激的事情——你的宝宝自己搞了一场演奏会——你传达给他的信息是：他是被珍惜的。你会对宝宝激情的敲打产生尽可能多的真心感激之情，用拥抱、亲吻以及其他的愉快表情来配合你的话语。即便你把他从盆盆罐罐中拉出来，他也不会感到自己毫无价值。

到孩子十几岁的时候，他们会比成长中的其他任何阶段都更频繁地触动我们的沮丧和恼怒开关。他们会尽一切努力把自己同我们区分开；他们似乎总是选择那些与我们所能接受的行为正好相反的举动。就像初学走路的宝宝一样，他们似乎缺乏理性的思维，但不同是，现在他们的脾气更大。

比如，你的十几岁的孩子非常想去参加一个派对。你说不行，因为你已经计划好全家的活动了。

你的孩子喊道：“我恨你！你从来不让我做我想做的事。”

你可能会回应道：“你说什么呢？我让你做了你想做的一切事——就在上个周末我还让你去参加了那个睡衣派对，不是吗？”你的这个回答很有逻辑，但你的孩子不这么认为。她只会认为你妨碍她了，认为你一点也不理解她。

“你太糟糕了！我恨你！”她一边喊着，一边生气地走开了，感觉没人爱她，自己一文不值，最肯定的是不被感激。

相反，如果你承认这个派对对你的孩子有价值，那么，你们之间的对话可能就会很不一样。要是在孩子的愿望里寻找可以感激之处，你可能发现自己会说：“你真的很在乎是否参加这个派对。”

你孩子的反应可能是：“嘁！”

你要坚持自己的感激心态，你可以说："跟我说说为什么这个派对对你这么重要。"

毫无疑问，你的孩子会叹口气，然后说，"每个人都去，妈妈。我可不想落单。"你的孩子是在告诉你这件事为什么重要。

接下来，你可以证实一下她认为的这件事的价值，你可以这样说："归属感对你来说真的很重要。"你没有维护你自己的立场，而是感激了孩子的愿望之中有价值的地方，通过尊重她认为有价值的东西，你让她潜意识里觉得自己是有价值的。就此，问题的解决过程会完全改观，因为你已经形成了一种可以与孩子的感激振动相匹配的感激振动。这时，合作变得可能了。

"让我们来看看是不是能找到一个让你不落单办法。"从这样一句话开始，你们会共同去寻找一个既尊重你的价值观也尊重她的价值观的解决方法，而且你们两个人都会对其心生感谢。

感激你的孩子，能教会孩子感激他自己，为他将来的幸福与成功开启了大门。自我感激与自我肯定紧密相连，自我肯定是自信、自强的基础，是形成关于一个人未来发展的核心信念的基础。

一个孩子如果不学会感激自己，就会缺乏自我肯定。一个孩子如果不相信自己的价值，就可能会过分依赖别人的认可，而别人的不认可或许就会让她受到伤害，甚至一蹶不振。这样的孩子很容易就会放弃自己。她不懂得内在的自我才是值得她坚持的。

一个不珍惜自己的孩子，不会认识到他拥有弥补自己弱点的力量。他会从一次诸如不会解答数学题的失败中，归纳出自己是个失败者。他会从一次拒绝中，比如一个同学朝他喊"嘿，笨蛋"，归纳出对自我的完全否定："我一文不值。"

结果，这个孩子的表现会远低于他的潜力。他会通过一些不合群的孤僻行为表现他对自己的不满，比如他会不努力学习，整天抱怨，喜怒无常，闷闷不乐，或不愿合作。他也可能会说话放肆或爱发脾气。这样的孩子将无法获得他有可能得到的快乐与成功。

自我价值感对我们心理学意义上的存在是如此重要，以至于无论在何处能得到，无论以何种方式能得到，孩子们都会去寻找这种价值感；不论是一个帮派成员、邪教信徒、男朋友、毒品，还是诸如“酷小子”，“荡妇”，“傲慢小姐”或“野小子”之类的第二个自我。对孩子们来说，即便是负面的价值感，也比没有价值感要好。

帮助你的孩子学会自我感激

如何才能帮助你的孩子获得正面的价值感呢？要教会他感激他自己。请这样做：

1. 首先，不管你的孩子正在做出什么行为，都要从他身上找出可以珍惜和感谢的地方。

2. 然后，要向你的孩子指出你所感激的他的具体品质或行动。

当你的孩子遇到困难，并自然而然地自我贬低的时候，这样做就尤其重要。比如，他正在费劲地背乘法表。他的舌头像是卡在了嘴巴里，他在竭尽全力地努力。过了十分钟，他放弃了，一头趴在餐桌上，双目无神，用手揪着餐桌边缘松了的胶木。

你要抑制住自己的冲动，不要说，“别这样！坐好，做你的作业！”相反，你要坐到他身旁，说：“出什么问题了？”

他抱怨道：“我不知道。我记不住。太难了。”

你点着头，争取思考的时间。

你在这种情况下能感激什么呢？你回想起了曾经有一次你的孩子遇到挑战但坚持下来的情形。你说：“还记得你去年做的那个关于虫子的科学实验吗？”

“记得。”你的孩子嘟哝着。

“记得那对你有多难吗？”你接着说道，“记得你怎么坚持下来，并且最终完成了它，还因此得了一个大大的金星吗？”

“记得。”你的孩子说道，感觉没那么糟糕了。

“你真的很擅长如此。”你说。

“擅长什么？”他问。

“坚持到底啊。”你回答。

“是吗？”你儿子问道，他不好意思地微笑了起来。

“是啊。”你回答，“你是个超强的坚持到底的人。你做事情能够坚持，而且，天呀，你能坚持把事情做完。那可真棒。”

“嗯。”你儿子回应道。他抬起了头，重新拿起了铅笔。

“这样吧，你和我一起来搞定这个乘法表。”你说。“你要做那个超棒的坚持到底的人，你还会再得一个大金星。”

“是的。”他说，“好。”然后你们就开始了。

不论何时，当你的孩子想要退缩时，你要提醒他，他是多么棒的一个坚持到底的孩子；而且通过你感激的力量，他会发现自己的一些可以感激的地方。随着时间的推移，他会把你向他指出的各种品质和特征内化，自己就完全能够感激它们，并因而能够成功、快乐地应对生活中的各种挑战。

孩子感激别人为什么很重要

有了自我价值感以及被感激的感觉，孩子会发现自己更容易去感激别人的价值了。感激别人——珍惜人的生命本身——会让一个孩子不去伤害别人。

向孩子表明如何珍惜和感谢生命中的其他人，是很容易的。最好是从家里开始教起，教他感激家人。这样的机会每天都有很多。

比如，你的孩子哭着向你跑来，说哥哥拿了他的玩具。你本能的反应可能是："真可惜，亲爱的，但这没关系。去玩别的玩具吧。"或者你可能会斥责你的另一个儿子拿了玩具。

如果运用感激，你可能会有不同的反应。对哭着跑向你的孩子，你可能会说："真可惜，亲爱的；你哥哥有时候会让你生气，但我知道你们两个喜欢一起玩。我以前看见过你和哥哥一起解决问题。现在再试试怎么样?"对拿了玩具的那个儿子，你可能会说："我知道你很感激跟你弟弟一起玩，即便现在看起来并不是这样。你能想个办法让两个人一起玩吗?"

要把感激作为你们日常生活的一部分，让孩子们养成感激别人的习惯。比如，在冰箱上贴一张纸，上写着："我们值得感激的事情!"在纸上划出几栏，每一栏的顶部分别写上家庭成员的名字。每个人都要写下他感激其他人的地方，在写下的每一条感激后面签上自己姓名的首字母缩写。目的不是看谁得到的感激最多，而是谁给别人的感激最多。到了周末，谁写下的感激最多，谁就会享受一次特别优待。

当你写下一个人值得你感激的事情时，要与这个人的某种个性品质联系起来；这对于接受感激的人是一种奖励，让他能够看到别人是怎样欣赏他或她的品质和才能的。这里有一个例子：

我感激我孩子的：

- 合作精神（让别人玩他的“任天堂”游戏）
- 本性好（没等别人要求，他就主动帮了忙）
- 幽默感（让我笑，让我高兴）
- 诚实（把我掉的零钱给了我）
- 自律（按时交作业）

你要为孩子作出感激的榜样。孩子天生就会模仿，他们按照周围成年人的行为，塑造自己的行为。他们会模仿任何事，包括你对别人的感激——或不感激。

要感激销售人员、快递员、邮递员、班主任，以及你的孩子看到你与之交往的其他人，要把这养成一种习惯。在表达对销售人员的有益建议，或邮递员的准时，或班主任布置的富有创意的作业的感谢时，内容要具体。你的孩子会学着做同样的事。看到现实中的感激，是孩子学习如何感激的最好方式。

你的孩子会认识到，相比于操纵、哄骗、抱怨和争辩，感激别人常常是一种更有效地达到目的的方式。由于感激是有振动的，你的孩子的感激振动会自动吸引到别人越来越多的合作意愿。要向孩子指出感激的有效性，他们就会受到鼓励，更多地运用感激。

学会感激生活

很少能有什么事情会像教孩子学会感激生活那样有价值。孩子们天生就会感激，渴望着探索奇妙的世界。有了指导和支持，他们很容易就能看到生活的价值。

要跟你的孩子们一起玩感激游戏。比如，坐下来和他们一起看日落。问他们："日落的伟大之处（价值）是什么？"看看他们能想到多少。或者，在你开车送他们去上学的路上，问他们："这条车道有什么好的地方？"要把你认为的好的地方告诉孩子，并告诉孩子你为什么感谢这些地方。这样，你便开阔了孩子们的思路，让他们知道了很多值得珍惜的东西。当你表达你的感谢时，你是在他们表明，感谢这么多不同的东西是多么容易。

任何时候都是机会，都可以帮助孩子们看到周围世界的可感激之处。如果你在孩子还小的时候就教会他们运用感激，就是给了他们一个礼物，即真正的自由：为自己选择并创造一种充满欢乐、爱、成功和富足的生活的自由。

第 9 章

运用感激获得健康

现代医学的重大发现之一，是揭示了身心之间的联系。你如何看待并解读生活里的各种事和人——包括你自己——影响着你的身体状况：你的快乐会以一种方式刺激它，你的愤怒会以另一种方式刺激它。正如狄巴克·乔布拉博士在其《不老的身心》一书中所指出的："简言之，我们的身体是自从我们出生之后就学着做出的各种解读的物理结果。"

感激具有生物化学特性。你的想法和感受会转化成特定的化学物质在你的身体里释放，坎迪丝·珀特博士把这些化学物质称为"情绪分子"。比如，在经历了负面情绪后，你是否感到很消极并且身体无法动弹？正如艾伦·萧尔博士在 2001 年的一篇文章中解释的那样，这时，你的大脑产生了神经激素皮质醇，它通知你的整个身体要"关机"并撤退。把这种体验和那种看到所爱的人热情、感激的面孔，或听到其熟悉的声音时的体验比较一下。当你体验正面的情绪时，大脑会释放出神经递质多巴胺和荷尔蒙催产素。神经内分泌学家乌纳斯·莫柏格博士在1997年的一项研究中指出，这些化学物质会让你放松下来，产生安全感，并有助于你以一种积极、充满活力甚至是快乐的方式面对生活。

正如珀特博士指出的那样：

你的大脑和你身体的其他部分在分子水平上结合得极其完美，以至于“游动脑”这个词可以说是身心网络的一种恰当描述，智力信息通过这个网络在系统间自由移动。这个网络中的每一个区域或系统——神经、荷尔蒙、胃肠，以及免疫系统——都通过多肽和特定信使的多肽受体而彼此沟通。每一秒钟，你的身体里都在发生着巨量的信息交换……正如我曾经说过的，神经肽和受体、情绪的生化分子，都是携带信息的信使，它们把身体的各个主要系统连接成一个我们可以称之为“身心”的单元。我们不能再认为情绪不像物理的、实体的物质那样具有真实性，相反，我们必须把情绪看作细胞信号，它们参与了把信息转换成物理现实的过程，也就是**把思想转变成物质**的过程。

珀特博士对思想、情绪和身体系统之间的这种紧密互动的描述，解释了为什么刚刚失去丈夫的女性患乳腺癌的几率是一般人的两倍，为什么长期抑郁的人生病的几率是一般人的四倍。感激的精神信息和情绪信息，会被传递到你身体的几乎每个系统，并使之受益。

雷诺兹，感激小组的一位成员，和大家分享他的经历，讲述了感激对他的身心的影响：

我是一个景观园艺师。我喜欢在户外工作，考虑到我的工作性质正是如此，所以这挺不错的。我做这行已经有十五年了。我一直很健康，身体不错，直到大约一年半之前我开始患鼻窦感染。我经常是刚熬过一次感染，仅仅两周后又会再次感染。

在大约一年前加入这个感激小组时，我决心解决掉这个讨厌的感染问题。我经常听到“你的想法和你的感觉如何影响你的健康”，所以我想：“好吧，现在我在想什么呢？过去的六个月里发生了什么变化？”然后，我想起来了——我的老板！我原来的老板那时退休了，他的儿子接管了公司；我告诉你吧，他儿子一点也不像他。新老板要求我打卡上下班，拿走和归还设备的时候要填清单，还必须把我遇到的任何问题都写下来——不管是有关一个园艺师的，一个客户的，还是一棵树的，一切都要记下来。我甚至得把车子的里程数写下来，要精确到0.1英里。我认识到我不再感激我的工作了。我甚至都不关注自己栽种的植物了，更没有心思欣赏它们的成长以及我设计的景观效果。我上班的时候很痛苦，下班的时候也很痛苦。

所以，我决定接受我的新老板的做事方式，然后把整件事抛诸脑后。我不再去想它，而是让自己关注植物，像以前那样欣赏它们。我专注于我对户外工作的热爱之处。我把工作中可以感激的事情写下来，反复地读。嗯，这花了一些时间，但可以肯定的是，我患鼻窦感染的次数越来越少了。我现在大概有十个月没有感染过了。但是，如果我又因为老板的各种规定和条例而烦恼，我的鼻窦就又会出毛病，这能很快提醒我，让我重回感激之路。

感激尤其可以用来帮助你恢复并保持健康。以常见的感冒为例。我们很多人得了感冒都会哀叹：“噢，不，我感冒了。我每年冬天都会感冒。又来了，我又要打喷嚏、咳嗽，直到春天来临。我觉得很糟糕。吃什么都不好转。约翰很好心，送来了鸡汤，但我烦死鸡汤了，而且我也不相信‘鸡汤能治好感冒’之类的无稽之谈。”

你的注意力都集中在你感觉自己有多么悲惨，这是可以理解的。你没有注意到自己身体的大部分系统还是正常工作的；你只看到了你的感冒。你没有注意到周围的人和环境是如何帮助你恢复的；你让自己看到的全都是增强你目前的悲伤情绪的东西。你的消极会给你的疾病增加压力，让你更加难以恢复。

如何运用感激帮你更有效地赶走喷嚏、咳嗽和疼痛呢？要把你的注意力从痛恨感冒，从总想着你感觉自己多么悲惨、你多么痛恨不得不躺在床上，转移到感激健康上来。注意力转移的威力，已经在对安慰剂的研究中得到了反复证明：它可以使长达一周的痛苦，缩短为只有两天的轻微不适。

安慰剂是一种惰性或无毒的物质（比如一个糖丸），没有任何治疗价值。服用安慰剂的人通常会病情好转——不是因为安慰剂所含的成分，而是因为他们相信那药丸会治好他们。他们的注意力从自己的病有多么严重，转移到了药品能起多大作用。正是这种对健康的专注最终导致了痊愈。这种注意力的转变成功地消除了痛苦，降低了血压，使溃疡患者停止了过多的胃液分泌，甚至使癌症患者的晚期恶性肿瘤得到抑制。当你专注于疾病或损伤时，你释放出的振动频率会寻找相似的振动来匹配，使康复更加困难。反之，当你感激健康的时候，你释放出的振动频率会与健康的振动相匹配，由此加快你的康复。

专注于健康并不等于否认疾病。否认是说：“一切取决于你怎么想。”专注于健康则说：“一切取决于你如何振动。”你的振动由你的想法和感受组成。当你想着并感受着感激时，你就把自己对内心世界和外部世界的看法和解读转变成了积极的、有助于康复的事。

比如，当你打喷嚏、咳嗽，难受得度日如年的时候，否认的看法会说："我没感冒。"否认是没有用的，因为你无法相信你没感冒，证据都在你身上。当你专注于感激时，你并不否认任何事情。相反，你从承认现实开始："我在打喷嚏、咳嗽，我很可能是感冒了。"然后，你要开始感激你为了痊愈所能做的任何事。

要想想当你专注于感激的时候，这次的感冒经历跟以前的可能有什么不同：

- 我可以感激从上次感冒到现在已经很长时间了。我甚至都不记得上次感冒是什么时候。
- 我可以珍惜并感谢我很快就能康复。我可以感激我的感冒通常很快就能好。
- 我可以感激这种新的咳嗽药效果很好。
- 我可以感激约翰带着鸡汤来看望我。我可以感激鸡汤的温暖以及约翰的爱心。
- 我可以感激我身体的其他部位仍然运转良好：我的消化很正常，我的血液还在循环，我的心脏依旧跳动。我的其余部位都非常好。

随着你专注于真正感激的想法和感受，再加上你想康复的意愿，你的注意力会集中在健康上。你的看法和解读就会改变：你不会再把自己看成是一个长着腿的鼻涕虫，而是会把自己看作一个完整的人，只是有一小部分出现了小问题，你正鼓励自己努力康复。你会把诸如朋友来看望之类的情形，解读为对你健康的帮助。

现在，你的想法、感受、看法和解读都与健康的振动相匹配了。结果会是，健康的体验将会与你的振动相匹配，并被吸引到你身上。

运用感激进行康复的处方

感激健康所能发挥的作用，远不止能加快感冒痊愈。你可以积极地运用感激来作为你整体康复步骤的一部分，并获得健康。可以按照下面四个步骤来进行：

1. 专注于健康

要感激你非凡的身体平时的健康状态，以此建立一种对良好健康状况的总体振动。要注意你在身体健康、生气勃勃的时候对自己说的话。当你感觉很健康的时候，你注意过自己的身体吗？要经常花一点时间表达你对自己身体的感激。要告诉它，你多么珍惜并感谢它令人惊异的持续良好运转。

如果你认为跟自己的身体说话很傻，那就连续几天注意一下你对自己身体的想法，你会意识到你一直在跟自己的身体说话，只是大部分都是一些不感激的、批评的话。下面是一些例子：

- “可恶，又消化不良了。我的胃可真糟糕，吃什么都疼。”
- “我的脚好疼；瞧那儿肿的，好大啊。”
- “我都毁容了。我以为过了青春期就好了，我恨这些痘痘。”

这些话里没有丝毫感谢你的胃通常都是消化正常的；或你的脚是如何支撑你，让你正常走路的；或你脸上99%的地方是没有粉刺的，以及粉刺一点也不影响它大笑、噘嘴、扮鬼脸。所以，要改变你跟身体说话的方式：感激那些运行良好的部分，而不是专注于那些有问题的地方。这样，你便会增强自己身体目前的健康。

2. 树立有益于健康的信念

有的信念有助于对健康的感激，而有的却会破坏健康。为了确定你的信念，请回答下面的问题。然后，看看后面的答案，看你的哪些信念支持对健康的感激，哪些不支持。

1. 你相信你的自然状态是健康的吗？　是/否
2. 你相信大多数时候你都是感觉良好、精力充沛的吗？　是/否
3. 你相信康复是一个艰难的过程，在大多数情况下都需要大量的精力和外部帮助吗？　是/否
4. 你相信身体自然而然就能康复，只是有时候需要外部帮助吗？　是/否
5. 你相信健康状况会随着年龄的增长而衰退吗？　是/否
6. 你相信疾病会消耗你的生命力或减损你的能力，所以每次你生病，都不太可能完全恢复到以前的状态吗？　是/否
7. 你相信医生总是对的吗？　是/否
8. 你相信对于任何一种疾病或损伤，都有很多种治疗方法吗？　是/否

9. 你是否相信，假如你得的一个小病恶化了，你会无可挽回地注定越来越差？　是/否

标准答案：1. 是　2. 是　3. 否　4. 是　5. 否　6. 否　7. 否　8. 是　9. 否

把你的回答和标准答案比较一下；标准答案是基于对健康的感激的。要以这个比较为起点，梳理一下你对健康和康复的信念，并剔除那些无助于你感激健康的信念。要记住，一个信念仅仅是一种思考习惯，是你经常对自己重复的一些话。要选择那些对你有用的信念，不断向自己重复它们，直到有益于健康的信念变成你新的思考习惯。

3. 用自我安慰代替自怜

在生病或受伤的时候为自己感到难过，这是正常的。毕竟，你身上发生着不那么愉快的事情，而自怜可以在某种程度上安抚你。问题并不在于短暂的自怜，而在于你总想着“可怜的我”。你越是抱着自怜的想法，你的振动越无法有效地与健康匹配，你就越可能拖延疾病或伤痛。

你真正该做的是想一些方法给予自己额外的关注和关爱。找一些会让你感觉良好的替代方法，以消除你的自怜。比如：

- 不要说“噢，可怜的我，我流鼻涕了，而且浑身疼痛。我得吃点冰激凌。”要说，“现在我能感激什么呢？什么能让我感觉好些呢？我想我还是吃点冰激凌吧。”
- 不要说“可怜的我，我感觉真糟糕，我受不了那电话，为

什么人要打电话呢，那铃声真刺耳。”要说，“我能感激什么呢？我真希望安静一会儿。我想我还是把电话铃声关掉吧。哈哈，好多了。”

这里还有另外一些如何打破自怜、安慰自己的方法：

- 听一些安抚的音乐
- 手边备上鸡汤
- 听一本有声读物，读一本书，或看一个电视节目，要选择那些能安抚你、令你振奋，或帮助你暂时从精神上摆脱痛苦的书或节目
- 备好干净的睡衣
- 泡一个草药香氛浴
- 花点时间给一个特别关心你的朋友打电话聊天

4. 问自己“在这种情况下我能感激什么？”

不论你有没有生病，始终都要寻找你的身体和你的健康的可感激之处。当你问自己“在这种情况下我能感激什么”时，你会产生一种更强烈的健康振动。

记住，要对自己诚实——振动是不会被欺骗的。在未找到真正可以感激的东西之前，不要说“我可以感激……”。你可能要从微小之处开始：“我可以感激我的小脚趾不疼。”无论你是一点一点地，还是一大步一大步地建立你对健康的感激，能感激就好。你感激得越多，就越容易感激，你的感激振动就变得越强烈、有力，由此带来与健康体验更进一步的匹配。

我们可以从残疾人士那里学习感激，他们很多人都清楚地表现出他们只是“能力不同”而已。他们能弥补自己的缺陷，身体功能几乎不受影响，即便他们要适应轮椅、假肢、身体某部位的缺失或感觉的缺失。例如，在阿富汗首都喀布尔的ICRC整形外科中心，80%的患者都是被地雷所伤而需要安装假肢的。而工作人员中有85%也是截肢者。对于他们来说，学习如何过一种“能力不同”的生活的第一步，就是要感激。整形中心的主管阿尔贝托·卡伊罗，在2002年《洛杉矶时报》的一篇文章中说：“我告诉他们不要再去想他们失去了什么，而只去想现在有可能做到什么……有人说这真是个悲伤的地方，我说不是，这是个非常非常快乐的地方。这是一个让生命重新开始的地方。”

对自己依然拥有的能力的感激，让“能力不同”的人过上了完整、丰富的生活。

由于情绪既来自你的思想，也来自你的身体，因此，专注于感激的想法和感受会导致健康状况的持续改善、螺旋式上升。正如珀特博士在《情绪分子》一书中所说：“情绪是来自大脑还是来自身体？两者皆有。它们是同时的——就像一条双行道。生理状况的每一个变化都伴随着‘精神－情绪’状态的相应改变，不论是有意识的还是无意识的；反之亦然。”

感激会减轻压力

感激对健康的另一个直接贡献，是使压力减轻。奇尔德和马丁在《心智算数解决方案》一书中指出：

感激是一种强大的力量。它会把压力反应当早餐一样吃掉。随着你专注于真诚的感激感受，你的神经系统会自然而然地达到平衡；这一点你可以放心。从生物学的角度看，你身体里的所有系统，包括你的大脑，都会更和谐地运转。你身体辐射出的电磁场会与你心脏放射出的有序的、连贯的模式产生共振，而且，你身体里的每一个细胞都将受益。

当你身体的各个系统能共同和谐运转时，压力的有害影响就会减小。你的免疫系统会更加有效地运作，帮助你获得并维持良好的健康。另外，当你透过一种感激的思维框架看待并解读周围的世界时，你不会再把各种情形和事件仅仅看做压力，或主要就是压力。沙琳是一位幼儿园教师助理，也是感激小组的成员，她告诉我们：

在跟孩子们玩耍、到处搬设备，以及工作所需要的其他体力活中，我扭伤了腰。我的医生对我的限制非常严格。他告诉我，在他为我治疗腰伤的过程中，我甚至连一般的体力活都不能干。“否则到最后你就得动手术”——我可真不想这样。

我同意遵守他的指令，但说实话，我沮丧得要命。我觉得自己什么也干不了，没什么用了。孩子们想打打闹闹，而我却不能；他们想让我推三轮车或是把他们举起来，而我却不能；我甚至不能让他们跑过来给他们一个拥抱，这太糟糕了。每天晚上我都感到头特别痛。我会一直哭到睡着，早上也不想起床。

后来，感激小组帮助我从另一种角度看待这种状况。他们鼓励我感激我能做的，而不是总想着我做不到的。他们帮我把做事方式变得很有创意。我认识到，我可以坐着拥抱孩子们，所以我不必放弃对他们的拥抱。我通过游戏的方式让他们帮我移动三轮车或其他东西，所以我更多地是指挥，他们更多地是推车和欢笑。我教他们怎样用盒子垒成台阶爬过障碍，而以前我会把他们抱过去。我发现了完成工作的很多其他方法，都是我以前从来没想到过的——所有这些方法都是由于我只考虑“好，我能做什么，什么是有用的?”，而没去想“我受伤了，什么有用的事儿我都做不了。”我的头痛得到了相当程度的缓解，并且我的自我感觉也提升了，真是太好了！

你越是不把发生在你身上（或你的世界里）的事情当成一种威胁，你遭受应激反应[①]伤害的可能性就越小。比如，当你突然面临一个问题时，你的第一反应可能是恐惧。当你的汽车发生故障时，你可能会想：“我没法把车修好。”或者，如果你丢了工作，你的第一个想法很可能是：“我拿什么支付我的账单呢?”

恐惧会提高压力水平，久而久之会降低你免疫系统的功能。你因此会更容易被感冒、疾病和感染所侵袭，恢复起来也不像以前那么容易。压力的提高反过来也会影响到你的基本生理过程：呼吸，消化，新陈代谢，排泄，以及精力。比如，正如罗伯特·席尔博士在《创伤、分解与疾病》一书中指出的那样，患有创伤后应激障碍的人更容易得偏头痛、慢性疼痛、肠易激综合症，以及慢性疲劳。不仅如此，你可能会因为恐惧导致的压力而分心，使自己撞上家具，开车也不熟练了，或不小心烧伤自己。由于你的免疫系统已经受损，你可能不会那么快地从这些伤害中

---

① stress response，指机体突然受到强烈有害刺激（如创伤、手术、饥饿等）时，通过下丘脑引起血中促肾上腺皮质激素浓度迅速升高，糖皮质激素大量分泌。应激反应是由于应激因子（stressor）对动物体的有害作用所引起的非特异性的一切紧张状态。这是1936年塞莱氏根据机体在寒冷条件下的反应而提出的概念。也可以说是机体遭到侵害而产生反应的状态。——译者注

恢复过来。

如果你感激，即使是在引起你恐惧的情形中，你也会改变自己的看法和解读，发现各种情形或解决办法中可以感激的地方。所以，如果你真的丢了工作，你首先想到的不会是，“我拿什么支付我的账单呢?”而可能是，“我拥有很多有价值的技能。我从这份工作中获得了经验和人脉。我觉得自己很快就能找到另一份工作。”当你产生这些感激的想法时，你会感到你的身体从最初丢掉工作的震惊中放松了下来。你消除了导致压力的恐惧，并由此消除了对你的身体的伤害。随着你继续这种状态，你产生的想法会是，要珍惜你在人才市场中的竞争力，以及能得到的各种机会。你的焦虑和压力水平会持续下降。结果就是，你能更有效地处理问题。你的健康会因此而受益。

亚当是感激小组的一位成员，他指出，有了感激，“生活变得更轻松了。我再也没有那种全身充满恐惧的紧张感了。”

感激有助于你的身体的修复和更新，从而促进健康。你的身体始终在自我修复和更新，虽然你意识不到。你的整体健康状况越好，压力水平越低，这个修复和更新的过程就越容易、越轻松。通过降低你的压力水平，感激会向你的身体注入活力，推动修复和更新过程。

感激通往健康：以减肥为例

让我们应用第 5 章的五个步骤，把感激运用到一个我们许多人都会涉及到的健康问题：减肥。

第一步：选择你想转变的情形或吸引来的东西

你想减肥。这很清楚，但你的愿望还不够具体。你要减多少？如果你回答，“我想减掉四十磅。”那么，你接下来应该问自己的是，“我相信自己能做到吗？”如果你的回答是“不”，那就调整到一个你能相信的数量。一旦第一个愿望实现了，你可以再给自己定一个新目标。

要为你的愿望赋予具体的形状和形式。仅仅说减肥可能不足以使你产生一个强大的振动。能穿进小一号的衣服或腰围减小 10 英寸，可能对你更有意义。再次检查一下目标是否现实：你真的相信你能从 16 号减到 3 号？如果你相信，那太棒了！去做吧。如果不相信，就要调整你的目标，直到它能更准确地反映出你认为可能的情况。

第二步：明确你的愿望背后的感受

挖掘一下你的减肥愿望背后的感受是什么，问一下自己，“我为什么想减肥？”，如果你回答，“废话！因为我想瘦点！”这也行，只要回答是准确的。但很多时候，对于“我为什么想减肥？”更诚实的回答是，“因为我的另一半想让我减肥”，或“因为我应该比现在更瘦点”。

以这种方式回答这个问句的问题在于，从振动的角度来看，你并不是百分之百地支持你的愿望。那并不是你真正想要的，所以你缺乏一种单一的、强烈的专注，而这种专注却是向“减肥”成功地发射一个感激振动所必需的。要确保你希望更苗条的愿望是你想要的，是为了自己高兴，是为了自己健康。

接下来问问自己，减肥对于你的价值是什么。你可能会说，“我会感到更有魅力”，或是“我感觉身体会更好，我会更有活力”，或是“我能和朋友们一起骑自行车了”，或是“我的健康状况会改善”。要想想这些价值，珍惜那种感觉更好、更强、更有魅力的想法。让随之而来的甜蜜的感谢之情涌上你的心头。让这些美妙的感受在你的身体里流淌，充盈你的脑海和内心。

第三步：清除有冲突的想法和信念

检查一下你对于身材和体重的信念。要清除或转变那些与你的愿望相矛盾的信念。比如：

当前的信念	改变后的信念
身材无关紧要。	我的身材对我来说很重要。我想要改变它，而且我有这样的愿望也没什么问题。
节食对我不起作用。	节食对有些人是有用的；其他的方法对其他人也是有用的。我会吸引到任何我需要的方法来帮我减掉我想减掉的体重。
你一旦变胖了，会永远胖下去。	人是会变的。我可以开始收集成功减肥并且能够保持身材的人的故事。
不管我做什么，都减不了肥。	过去我没成功。但那不意味着将来我不能成功。

一旦你改变了那些阻碍你发射成功减肥振动的信念，就要用一些肯定的论断来帮你强化你的更为积极的新态度，比如：

- 体重能增加，就能减下来。
- 我善于吸引来我需要的东西。
- 我能为自己设计出完美的减肥计划。

第四步：发射你的感激振动

在向更加苗条的你发射感激振动之前，你必须感激自己目前的身材和尺寸。很多人在这一点上被难住了，因为你不可能一边看着镜子里自己大腿上的赘肉，一边想，“我感激我自己”。大多数人都无法珍惜和感谢十磅的脂肪！所幸的是，你不必为了感激你的大腿而感激那堆脂肪。

要把注意力从你对大腿的憎恨之处转移到对它的感激之处。例如，感激你的大腿是多么忠实的仆人。珍惜它们随时可以把你从一个地方带到另一个地方。感谢它们不会定期罢工，或不会拒绝把你从椅子带到床上，或不会拒绝带你上下楼。要感谢你的大腿为你的上半身提供了多么稳固的支撑，从不抱怨。珍惜你的大腿是多么健康，肌肉、韧带和肌腱协作得多么完美，你都不用去想或担心它们。大腿有很多可以感激的地方，不管它有多粗或多细！

对你身体的任何部位或整个身体，都可以采用相同的方法。要珍惜你身体的健康和力量，感谢它运作得那么好。珍惜你的皮肤是多么柔软，感谢它是多么神奇地把身体所有东西都连在一起！感谢你的身体为你提供能量，使你能从事一天的活动。感谢你的身体愿意坐、立、吃、读、唱、走路、玩耍——任何你让它做的事。要发挥你的创造性。尽可能多地据实找出你身体的值得感激之处。

要注意你对着镜子说的话。你是不是说，“噢，我恨自己这么胖，我看起来糟透了”，或“我真希望我没穿那件衣服，它让我看起来那么胖。”这种想法会加强一种肥胖的振动，而不是苗条的振动。要转换你的注意力。要看你的形象中那些与胖瘦无关的地方。留意一下某种颜色如何提亮了你的肤色。感激你的发型或漂亮的指甲，或你的配饰和衣服搭配得多么协调。你可以从镜子中发现你的形象中很多可以感激的地方。

现在，你已经准备好向更加苗条的你发射感激振动了。找一处不会被打扰或分心的安静之处，闭上眼睛，开始感受你对自己想要的那种美妙身段的感激。想一想你会如何珍惜这个“全新的你”，想一想成功塑身将为你带来哪些好处，感谢那些伴随你的新体重而来的美妙感觉。要全身心地、快乐地专注于你有多么感激你想要的体型，不要让矛盾的想法或信念干扰你。要尽可能强有力地、全心全意地进行感激；结束时，要心情愉悦地放松下来。好，你已经发射了一个激动人心的新振动。

随着日子的继续，你要始终清晰地专注于你对“全新的你”的感激振动，同时也要继续感激目前的你。矛盾的想法和感受一旦出现，就要将其清除掉。尤其要提防把自己和别人比较的自然倾向。

比如，你正走在街上，感激着自己目前的样子。这时，你看见了一位苗条女士翩然走过，紧紧地挎着一位帅哥。你会条件反射性地恨她，这纯粹是一种本能反应。你恨她不需要怎么努力就那么苗条，穿着最时尚的、你必须减到三号才能穿的透视装。同时，你恨自己完全不是这样。在这个过程中，你恰恰是在排斥那个你正追求的振动，因为你不能既恨着苗条的人，同时又希望吸引到“苗条”的振动。

那该怎么办呢？要改变你看待苗条女士的方式，重新解读她的苗条。要感激她是一个“苗条”的样板。当你下一次看见她时，要想“我也快了！苗苗条条的，穿着苗条的人穿的衣服——下一个就轮到我了！”要珍惜和感谢苗条女士鼓舞了你。还记得四分钟跑完一英里吗？以前人们觉得这是不可能的。后来，一位运动员跑了下来，从那时起，更多的运动员也跑了下来。看起来不可能的事情，实际上是可以做到的。不要嫉妒别人拥有你想拥有的东西，要意识到，他们的成就恰恰是在告诉你，你的愿望也是可以实现的。

每周重温几次你想要的感激，以保持它与你追求的目标进行匹配和协调的过程中的振动强度。一分钟左右的强烈感激应该就足以让你的振动继续了。

第五步：让你的感激起作用

要相信你对于理想体重的感激振动会匹配到相似的振动。要做好实现你的理想体重的准备。注意能让你实现理想体重的所有方法。

心理学家塞利格曼博士在《习得乐观》一书中指出，对于乐观者来说，他们心中的字是“是”，相反，悲观者心中的字是“不”。做一个感激的人也是如此。要让你的心中闪烁着一个响亮的“是”！因为你永远也不知道自己的愿望将如何实现。你可能会听说一本书在热捧一种很吸引你的新节食方法。你的某个女朋友可能会邀请你参加一个你从未尝试过的动感单车训练班。在你说“不”之前，要想“或许我的愿望就此开始成真了呢”，然后说，“是！我以前从没做过这个，但我愿意试一试。”

你可能会读到一篇文章或在健康节目里看到一条新闻，说普拉提（一种精神和身体调节方法）有助于减肥。你可能只是感到不像以前那样饥饿了。你可能发现自己只想吃某些食物，而对其他的都不感兴趣了。你可能会发现自己对园艺感兴趣，在你除草和施肥的时候，就会减轻体重。你可能会为一个新项目感到激动，而不再对吃那么感兴趣了。你可能会爱上一个喜欢运动的人，并发现骑自行车非常有趣。

对可能让你获得理想体重或身材的各种方式要保持警醒。要感激任何出现在你生活中的迹象，并相信所有这些都会帮助你实现愿望。

要记住，你仍然必须采取行动！尽管振动会吸引到相似的振动，但你必须按照你接收到的线索和念头来行动，因为它们是你的振动带来的。当然，你始终要运用你良好的常识判断力；感觉不像以前那么饿，并不意味着你可以三天不吃饭！发现动感单车训练的快乐，并不意味着你一天要练三个小时，一周练七天。

感激只是通向健康和康复的一种途径。它应该是把你的振动与所有通向健康和康复的振动匹配起来，而不是替代其他对你有用的治疗或方法。

不论是感激你自己、别人、周围的世界，还是生命本身，感激都可以大大有助于你的身体健康，从而使你更好地享受生活。要让感激成为珀特博士所说的“每天的情绪自我调理”的一部分。

正如一位睿智的79岁的感激小组成员所说的那样，当有人问他怎么样时，他会说：“很好。我一直都很好。有时候我比其他人还要好。”

这位老人感激的心态，不仅有利于他“感觉良好”，而且还会让他乐观地变老，正如你将在下一章看到的那样，这是感激能给你带来的最激动人心的好处之一。

第 10 章

感激让你乐观地变老

变老是无法避免的。然而，如何变老却远远不是预先注定的。在这一章，我们将向你展示如何运用感激的力量把变老转变成一种积极、幸福的体验。毕竟，不幸福的长寿又有什么意义呢？

以乐观的方式体验年华老去，是一种个人的决定，而不是理所当然就会是这样的。我们的社会关注的是年轻、外在美和生产的能力，而没有珍惜人到晚年所具有的特征和素质——这个时候的美更多是内在的，生产力更多来自于头脑和心灵，而不是产品或服务。

具有讽刺意味的是，虽然社会没有能珍惜晚年，我们却活得越来越长了。根据美国国家卫生研究院 2001 年的数据，65 岁以上的人，1900 年时占美国人口总数的 4%，2000 年时占 13%，到

2025年将整整占到总人口的20%！根据美国人口调查局的数据，65岁及以上的人口数量，从1900年到2000年增长了1000%——从310万增加到了3500万——而人口总数的增长只有350%。85岁及以上的人口数量，从1900年的12.2万增长到了2000年的420万人。1980~1990年间，百岁或百岁以上的老人，人数翻了一番还多，而且这些数字还在继续增长。

进入感激的世界吧，这个世界所认可和支持的是价值。不管社会的价值观如何，你可以选择感激你周围正在变老的人的价值，以及年龄正在增长的你自己的价值。更老的你并不比年轻的你贬值和糟糕！你只是有所不同而已。

在美国心理学会出版的《个性与社会心理学杂志》2002年8月刊中，耶鲁大学的贝卡·列维博士和其他研究人员报告说，对年华老去抱有积极的态度和自我感受的成年人，比抱有消极态度和自我感受的同龄成年人能多活七年。研究人员指出，“与性别、社会经济地位、孤独以及功能性健康等因素相比，对年华老去的自我感受对人的寿命影响更大。”而且，相比于降低的血压、降低的胆固醇、运动、减肥或戒烟（所有这些，就其本身而言，都能够延长人的寿命），积极的自我感受对长寿的影响更大。

很多研究显示，许多百岁老人的一个共同特征，就是对简单的生活和快乐的强烈感激。斯蒂芬·朱伊特博士对纽约的百岁老人的心理特征进行了广泛研究，结果显示，他们有共同的特征：乐观，明显的幽默感，享受生活，在别人都觉得丑陋的事物中看到美的能力，对生活中的简单快乐的感激，以及对日常生活的满足。

贝蒂，72岁，是感激小组成员，她说：“我每感激一次，都能看到立竿见影的效果。我整个人的精力感觉都很好。我对于自己在做的事以及为什么要做，都感觉更和谐、更舒服。”

在著名的“修女研究”中，德博拉·丹纳、大卫·斯诺登，和华莱士·弗里森以及肯塔基大学医学院的其他研究人员，分析了180位天主教修女手写的自传中有关情绪的内容，这些自传大部分是在修女们二十岁出头的时候写的。他们把分析结果和依然在世的、年龄在75~95岁之间的修女进行了比较。研究表明，在年轻时的自传里表达出更多积极情绪——比如成就感、开心、满足、感恩、幸福、希望、兴趣、爱、轻松——的修女，相比那些表达出较少积极情绪的修女，最多多活了10年。斯诺登指出，他的发现与其他的研究结果是一致的，“那些在性格测试中被认定为更积极的人，更可能比那些相对消极的人活得长……开心快乐、充满希望让人感觉良好。这是一种令人愉快的状态，压力很小，身体在这种条件下会更加健壮。”因此，自然的结果就是——长寿。

要感激年华老去，需要彻底改变思考方法。如果你在变老的过程中看到的只有衰老和衰退，你就不可能期待你的老年生活。很多人把变老看作是走向死亡的一个缓慢过程，却完全忽视了一个事实，即死亡在所有年龄段都有可能发生，不是专为老年人准备的。因此，感激年华老去的第一步，是把它重新定义为生命的阶段之一。当你把老去看做是你在七十多岁、八十多岁、九十多岁以及一百多岁所过的生活时，它忽然就有了不一样的价值。重点从“衰落至死亡”（一种很难感激的体验），转移到了“过生活”（一种更容易感激的体验）。

“堪萨斯人在线”上一篇题为“60岁的另一面”的文章，讲述了堪萨斯州威奇塔市92岁的玛丽·露丝·布拉斯菲尔德的故事，她是“衰落至死亡”的一个鲜明对照。当玛丽·露丝70岁的时候，她的女儿芭芭拉·霍夫曼问妈妈能否在其名为“热带设计”的热带植物公司帮忙。玛丽·露丝的回答是：“我有塑料植物，我已经很开心了。”但是，她还是去公司工作了，而且在热带植物中找到了“她生命中的爱”。直到今天，玛丽·露丝仍然是公司的主力：她负责采购和付款，她是如此热爱这份工作，以至于她会毫不犹豫地把工作带回家做，并常常工作到深夜。玛丽·露丝热爱她的生活。她的女儿芭芭拉说：“她 92 岁了，但她还很年轻。她所有的时间都在工作，我得努力赶上她才行。”

打破你对变老的偏见

感激年华老去需要你打破一些错误的观念。我们太多的人都把变老视为枯萎、孤独、无能、身体虚弱、留在养老院等死，让儿女们眼不见心不烦。怪不得我们无法快乐地期待变老。实际上，根据美国统计局的数据，在 2000 年，65 岁及以上的人口中，只有 4.5%（156 万）的人住在养老院。

不幸的是，我们的看法被这个小小的百分比歪曲了。因为，在日常生活中，我们周围很少看到老年人，因此我们错误地推断，如果他们不在工作场所或商场，那他们一定是在养老院。即使是医生，由于见惯了老年人生病、不舒服，他们也倾向于认为大部分老年人都是有病的——实际上，他们只是看到了巨大的健康老年人口中少数生病的人。

要感激老年生活，就要先挑战你对变老的偏见。观察一下那些正在享受生活的老年人。这样的人有很多——而且很多是能在媒体上看到的名人。去了解一下这些人是怎么评价年老的价值的。比如，他们很多人会提到随着年龄的增长而摆脱了社会的束缚。年老的人常常感觉到，他们的年龄使他们能够毫无保留地表达自己的想法，并按照自己的喜好穿衣、吃饭和做事。阿格尼丝是一位精神矍铄的感激小组成员，她双眼熠熠发光地说："我81岁了。我今年和77岁的丈夫结了婚——我的儿孙们都极力反对。他是个单身汉，所以，没有家人阻挠他。我告诉我的家人，我花了一辈子的时间努力让这个高兴、让那个高兴，现在我完成使命了，非常感谢你们。我告诉他们，他们应该高兴我们不再未婚同居了！当然，我们以前是，但我认为没有必要再让孩子们难堪了。毕竟，我还是位女士。"

要感激变老给你和他人带来的好处，比如你可以回顾一生并做出改进。正如心理学家詹姆斯·希尔曼在《性格的力量》一书中所说的，"对宇宙的思考以及将记忆化为故事"是我们的个人神话中经久不衰的内容，它把我们和祖先联系起来，并会导致灵魂、精神以及所有神秘事物的深化。

变老是一件极其个人化的事情。有的人永远体会不到某些变老的症状，而有的人早在平均衰老年龄之前就开始体会了。很多人在大约45岁之后常犯的一个错误是，他们认定任何疼痛或身体功能上的变化，都是衰老不可逆转的结果。当你25岁时，如果消化不良，你吃一片抗酸药就继续去做其他事情了。当你65岁时，如果消化不良，你可能会想："噢，我的天啊，胃痛，我老了，再也消化不了食物了，我是不是得结肠癌了。"当你度过了漫长的一天感到疲劳时，如果是35岁，你会想："今天晚上要早点睡觉。"如果是65岁，你会想："我老了，不再像以前那样了。"然而，你所认为的衰老的症状，通常只是"不用则废"的结果。正如93岁的布迪·埃布森（在电视剧《豪门新人类》中扮演杰德·克莱皮特）在接受杂志采访时所说，他每天早上七点起床，在早餐之前锻炼身体，然后剩下的时间写作或画画。现在，他正在写他的第四本书，一部推理小说。埃布森说："我的门上贴着一句拉丁文的座右铭，‘不用则废’。”显然，埃布森可没心情“废掉”。

即使有段时间不“用”身体的某些部分，你也并没有不可挽回地失去它。正如狄巴克·乔布拉在《不老的身心》一书中指出的那样，即便是那些“虚弱的”老年人，也比我们想象的更加强壮、拥有更多的再生力量：

塔夫斯大学一些大胆的老年病学家访问了一家养老院，并选择了一组最为虚弱的老人，对他们进行负重训练。你可能会怕突然让这些虚弱的老人进行锻炼，会让他们筋疲力尽甚至完蛋，但实际上他们健壮起来了。在八个星期之内，他们荒废掉的肌肉恢复了300%，协调性和平衡能力都得到了改善，并且又重新有了对生活的积极态度。其中一部分人以前都无法自己独立行走，现在也能在半夜自己起身去卫生间了，这是重获尊严的一个举动，而尊严绝非是无足轻重的。然而，这一成就的最神奇之处在于，这一组人里最年轻的87岁，最年长的96岁。

我们之所以不再使用身体的某些部分，通常是因为观念的改变。如果你的基本信念是“老年人都是虚弱的”，你就不会感激自己富有弹性的肌肉组织，而且“用”得会越来越少。你会把疲劳当作自己老得无法动弹的证据，而不是认为这是你的身体在告诉你，“嘿，我们试一试别的锻炼方式吧。”当你感激你的身体能够维持身体动作和肌肉活动时，你会寻找保持身体活力的方法，而不只是把“身体活力”当成年轻人的事。

如果把虚弱和缺陷看成是变老的结果，就会限制你用创造性的、有效的方法对待它们的能力。在你25岁时，如果偶尔忘记了电话号码，你会想：“哇，我一定是太心不在焉了。”而当你55

岁时，你会想：“噢，不，我快老年痴呆了。”你老是想着未来可能发生的可怕情景，而不是像你25岁时那样去做，并说，“真该死，我还是把这个事写下来吧。”这并不是说有病也不需要专业的治疗，而是说没有必要把每种情况都归为“因为我老了”。

不要给自己贴上“老”的标签，相反，要把你身体的变化看作只是功能不同了而已。要感激你有能力弥补那些不同，就像“能力不同的人”那样。这样，你就会开始“过”你的老年生活，而不是“屈服于”它。

多蒂，一位83岁的感激小组成员，其南方口音透露出她是田纳西人，她说：

你知道，我不觉得自己的身体是有局限的——尽管我当然是有的。我们来看一下：我的平衡能力很差，如果我不用助行器就会经常摔倒。然后，来看看我的精力——我比以前更容易感到疲劳。我的双手没什么力气。而且，我的关节炎也经常性地发作。但你知道，我的头脑还可以，除了记性不太好，这就是我用记事本的原因。我的视力很棒，只有在阅读的时候才需要戴眼镜。我的听力也不错。我还可以照顾自己，尽管动作慢得不行。所以，我有一个拐杖，一个助行器，我会根据当天的情况，决定用拐杖还是助行器。

我把自己当作“长腿奶奶”，我的孙子就是这么叫我的，我能自己到处走，对此我觉得无比感激。我并不过多地想我的“局限”，因为我并不觉得它们是局限。比如，在超市，总有好心人帮我从架子上拿东西，或帮我拿任何我拿不住或举不动的东西。我只会用两个手指一个键一个键地敲键盘，但我可以熟练地上网。我们有一大群人，每天都在网上聊天，互相拜访，聊聊新闻，互相发一些笑话、图片，以及其他好玩的东西。

白天觉得累的时候，我会小睡一觉。我把这当作我的“美容觉”。我和天气预报员比赛看谁预报得准：是他，还是我的关节炎。我不能去旅行，所以我通过读书和电视来旅行；我经常看探索频道。我坐在安乐椅上，闭着眼睛听音乐，就当在指挥交响乐。我在厨房窗台上弄了个小小的草药花园，因为我没法跪在地上培育一般的花木。眼睛看书看累了，我就听书的磁带，让声音带我去体会别人的生活和经历。我和孙子孙女们坐在一起，跟他们讲那些往日的离奇故事。我可以做一切令人放松的事情，而这是我以前照顾家庭、丈夫和工作的时候没时间做的。

是的，我的生活有所不同了——但生活道路上的每一步都是不一样的。拥有现在的生活，让我感到如此幸福和幸运。局限？坦白说，亲爱的，借用一句名言：我才不管它呢！生活如此美好，我正在尽我所能地享受生活。

在你步入老年时，感激不仅可以改变你对自己身体的看法，还可以改变你对自我的认知。因为社会不认可老年人的价值，老年人也倾向于贬低自己。赋予人价值感，几乎会奇迹般地让人重新焕发青春，正如1988年哈佛大学心理学家埃伦·兰格和她的同事们所进行的一项经典研究中显示的那样。在那个实验中，一群年龄在75岁或以上的健康男性，在一个静修场所待了一周。那个地方被装饰成1959年的风格，书是1959年的书，音乐是1959年的音乐，这些人在1959年时正处于45～55岁左右。他们被禁止谈论任何1959年之后发生的事情，只能用现在时态谈论他们的家庭、工作和生活，就像真的是1959年一样。实验人员给他们提供了他们各自1959年时的照片，要求他们在谈到彼此时要看着这些照片。实验人员对待他们的方式，就像他们还拥有年轻时的智力和独立性，每天的生活要遵照复杂的指令进行，尽管他们中有很多人在现实生活中需要依靠家里的年轻人帮自己完成日常事务。实验人员会尊敬地询问他们对各种事情的观点，并认真倾听；这在他们现在正常的生活中几乎是从未有过的。换言之，他们的价值得到了认可。他们的能力和智力被人感激，就像二十多年前那样。

兰格在《专注力》一书中，记述了这项研究的惊人结果：公正的评判人员对这些人在实验前后的照片进行了对比，发现他们看上去都明显年轻了，平均年轻三岁。人的手指会随着年龄的增长而变短，但在这个实验之后，他们的手指却变长了。他们的关节变得更灵活，他们的姿势开始变得挺拔，就像年轻时那样。他们肌肉的力量增强了，听力和视力也提高了。不仅如此，在实验之后，超过半数的“1959 年人”在智商测验中的得分提高了，尽管人们通常认为智商在成年之后就不会变了。

由于“年老”在我们的社会中通常被等同于无能，如果你不积极地感激你自己，就等于默认了社会对你的定义。社会认为你会迟钝、乏味，是个无用的负担，最好的情况是能容忍你，最差的情况是都躲避你。但是，正如兰格的研究和其他研究所证明的那样，当你拒绝社会的定义，坚持珍惜变老的自己，并在行为举止中反映出你对自己的这种珍惜时，你就会变得对事对人兴致勃勃，自己也变得更有趣、好奇、灵敏，并能在身体、精神和情绪上好的超乎意料。你甚至不会符合老年病学家的那些预期，比如手指更短、肌肉废弃！你变成了真正的自己：独一无二、充满活力的个体，经历丰富，素质超群，完全有能力以各种方式参与生活。

要珍惜自己：感激你是谁，而非你不是谁；感激你能成为什么样的人，能做什么样的事，而非你不能达到或无法做到的情形。或许你会惊奇地发现，你多年的经验积淀下来的智慧，比你年轻时的灵敏和力量更有用。经验赋予你的智慧甚至可以救你的命，正如狄巴克·乔布拉在《不老的身心》一书中描述的：

在第一次世界大战的海战中，德国的海员在他们的船沉没后，有时会被困上几天或几个星期。在被困的过程中，首先死去的总是最年轻的人。这个现象一直都是个谜，直到人们发现，那些曾经在以前的沉船中逃生的年长海员知道危机是会熬过去的；年轻的海员则由于缺乏这样的经验，认为自己被困是无望逃生的，因而死亡。

随着年龄的增长，要注意并珍惜你的同情心，你对别人的关怀，你的幽默感，你的坚持，你的主见。要感激你的记忆力，不论它是什么状况——因为你越是感激你的记忆力，你记住的就越多。要感激你创造性地克服行动不便的方法。感激你身体正常运行的部分，也要感激你身体那些不完美的部分如何勇敢地尽其所能。当你看着镜子里的自己时，要带着感激去问候它。感激你的微笑、你眼睛里的光芒，以及你眉毛的非凡表现力。“我知道这听起来很傻。”海伦（一位高大漂亮的78岁的寡妇，感激小组的成员）说，“每天早上刷牙前，看着镜子里的自己，我都会说，‘嗨，你好啊，大个子的漂亮娃娃。’因为以前我丈夫就是这么称呼我的，那让我感觉很好。即便我醒来时浑身疼痛或抽筋，并且当天一开始就感觉不怎么样，我还是会这么说；不知怎么，情况看起来就不会那么糟糕了。”

要意识到你内心的喃喃自语，因为你的所想、所感会影响身体康复和焕发青春的能力。比如，当你说“我太老了”的时候，你关于“老”的信念、想法和感受会把相关化学讯息传递给你的细胞，而你的细胞会根据这些信念产生相应的、忠实的行为。如果你不说“我太老了”，而是说“我太累了”，那么你的细胞会根据你有关疲劳的信念——好好休息一晚就能恢复——做出反应。

就像人们常说的那样：“当你变老时，你不会停止生长。当你停止生长时，你就变老了。”感激生活会使你保持活力和好奇心，并且会滋养你。感激生活会让你真正地活着，而不仅仅是存在着。保罗，是一位72岁的退休技工、感激小组成员，他指出，由于重新感激年老的自己，“我感到能控制（是褒义的控制）我的未来，以及它的展现方式了。我知道我在为自己全力以赴——这样，一切都没问题了。”

要专注于现在，期待更好的未来，对改变保持开放的心态，并乐于学习——这些都是获得老年幸福的重要因素。当你有意识地寻找各种方式去感激生活的那一刻，你就牢牢抓住了现在，并且更能接受“现在”这个时候所需要的任何变化。

感激你的现在并不意味着贬低你的过去。然而，只专注于过去会把你禁锢在以前那种行事处世的方式当中。要感激你在过去的收获，同时也要感激你现在的各种可能性，这样就会拓展你行事处世的方式。

当你认为老年人的生活无趣、枯燥，并缺乏激情时，你会带着恐惧和不祥的预感走向你的未来。当你心怀感激时，你则更愿意带着好奇心和热切期待走向未来。

有益的信念，阻碍的信念

有些信念会妨碍你持续成长和对生活的探索。要检查一下你的信念：比如，如果你认为“老狗学不了新把戏”，就会把自己局限于重复过去。这个信念无法支持你走向更加广阔的现在或未来。而“活到老学到老”的信念却能够赋予你力量，让你不断成长。

如果你认为某些活动或行为不适合老年人，那你对生活的探索就会受到限制。而如果认为无论年龄多大，任何不会给自己和他人造成危险的活动或行为都是适合的，则会为你开启各种可能性。

格拉迪丝，是一位充满活力的82岁的感激小组成员，她告诉我们：

我来自英格兰。我们是因为第二次世界大战迁过来的，我一生大部分时间都在照顾我的家人。我有三个儿子，他们通常很难管。后来每个儿子都结了婚，孙子们相继出生，又把我忙得团团转。我的丈夫退休之后，我们的生活基本上都是围着家人、高尔夫，还有偶尔旅行——大部分都是为了打高尔夫——但我们总是在一起。我和我丈夫什么事情都是一起做。

自从我丈夫十二年前去世以后，我就开始没着没落的。我觉得自己一夜之间就变老了，整天自己一个人坐在家里。终于有一天，我摇醒了自己，说“够了”！如果上帝没有把我带走，那我就还没死，我不应该让自己像死了一样。我开始四处找工作，后来发现我们当地警察局的兼职行政和文书职位依然空缺。这激起了我的兴趣，尽管我从来没有在外面工作过，当然也从未想过自己会是“警察”那一类人，但我想最好试一试。

那位警官看了我一眼，问：“你确定你想做这个吗?”

我说：“我不知道，但我想试一试。”

他笑了，说我的态度正确；我们又聊了一会，他让我填了一些文件，做了个测试，他说如果我愿意，这份工作就是我的了，给我三个月的试用期，看我是否适合。

嗯，我亲爱的，我的世界刚刚打开。我的工作是接电话、给文件存档之类的事情，这一点都不复杂，但我感到很振奋。我觉得我又年轻了！我很忙，我感到有人需要我。那些年轻人，不论男的女的，都对我很好。我顺利渡过了试用期，而且幸运的是，我后来就一直在警察局工作。在文书职位上做了三年后，他们把我调到一个行政职位上，在这个职位上我才开始实际接触各种报告，以及各种有趣的案件事务。当我告诉人们我在警察局工作的时候，你应该看看他们的表情！这是多么棒的经历啊。惟一的遗憾是，我已经离世的亲爱的布莱恩没能和我分享这一切——尽管我会经常告诉他发生的事情。

晚年最令人欣喜的收获之一，是对感激他人的渴望。摆脱了日常的照顾家人的责任，祖父母们十分珍视和孙辈们在一起的时光，常常会为孙辈们古怪可笑的动作感到惊喜、愉快，而这些动作在他们自己当年做父母的时候可能不会注意，或会令他们讨厌。一位祖母说道：“当我两岁的孙子洗澡时把水溅得到处都是的时候，我发现自己在跟他一起笑，并为他表现出的自然天性感到惊奇。”

对他人的感激通常会让你愿意提供志愿服务，而志愿服务会大大提升志愿者们的生活满意度和幸福感。这是一种双赢的状态，因为当你在感激那些你给予帮助的人的时候，他们也在感激你，感激你所提供的帮助。当你做志愿工作时，你付出了劳动，你感到自己有价值、被珍惜，你的自尊会相应地提升，并且你不会再把自己看做受害者。你和他人发生了联系，避免了晚年生活最常见的问题：与世隔绝。虽然社会把你的生活定义为枯燥、潦倒，但你不会允许这种定义来支配你如何生活。

卢克，一位75岁的感激小组成员，说道：

我这一辈子都在工作，从大约16岁时在一家小餐馆擦桌子，直到从为柑橘种植商管理仓库的工作上退休，我工作了将近三十年。我很久以前就离了婚，也没有孩子，所以我突然发现自己有了非常多的空闲时间。我以前总是想着要用这些“黄金时光”去钓鱼或打保龄球之类的，和老伙计们一起共度，但我的身体被多年的拖拉货箱、开叉车之类的体力活折磨得差不多了，而且我的朋友们退休后都带着妻子搬到弗罗里达或其他地方去了。

我变得很无聊，不知道自己能干什么，直到有一天我走进了一个图书馆，看到一位女士在为一群孩子读书。孩子们看起来好像很开心。他们真是可爱的小朋友。那个图书管理员一定是看到了我脸上的表情，因为她说：“我们一直希望能有人来帮忙。”

我想，对于书我知道些什么？我什么都不知道。但那位图书管理员说这都只是儿童书，并且只要有人读给他们听，他们就很高兴，而且，图书馆确实需要更多为孩子们读书的人。我想，好，我试一下吧，所以就答应了。

噢，为孩子读书是我最快乐的时光。开始的时候我有点紧张，说话还出错，但孩子们好像并不在意，过了一会我就读得很不错了。后来，我就定期去为孩子们读书。我一周去三次，每次只有半个小时——他们的注意力只能集中这么长时间；我发现那半个小时是我一天中最精彩的时刻。我慢慢想出了各种有趣的方式讲故事，有一次讲故事的时候我还带了手偶，这把孩子们乐翻了。

后来，图书管理员让我去做另外一件事。让我帮助年轻人学习如何更好地朗读，一周两个小时。好在我不需要帮助他们读任何复杂的东西，因为十年级后我就没有再读过什么书，但这好像没什么影响。如果我不知道某个词的意思，我们就会一起查字典。

我得告诉你，我觉得志愿服务带给我的东西比带给孩子们的还要多！我感激它吗？那还用说。是它让我的脸上洋溢着微笑。

海伦，一位感激小组的成员，68 岁，志愿一周花三个下午的时间在一所医院的问讯处工作，她说："自从我当了志愿者之后，我不仅更喜欢别人，也更喜欢自己了，我的家人也更喜欢我了。我希望自己能记得每天都运用感激这个工具。"

当你把感激作为观察生活的镜头，使之成为你习惯性的心态时，变老就不再是一种恐怖的体验了。你能够更好地应对各种变化，并使你的晚年生活成为一种真正积极的体验。

第 11 章

感激带你走出危机

生命中的至爱抛弃你去找了别人。你为之付出了无数个不计报酬的日夜加班的升职，给了你培训出来的助理。你脸上长的奇怪东西是黑色素瘤。你从理想的工作岗位上被裁下来了。你的孩子被醉酒驾车的司机撞伤了。你被诊断出癌症晚期。你一辈子的积蓄被一个贪污腐败的基金经理给挥霍一空。你的丈夫在一次工厂大火中丧生。

这些不同程度的创伤都是危机：在这种时候，生活突然发生变化，可以预料的常规忽然被迅速打断，未来即便不是很渺茫，也看起来飘忽不定。我们所有人迟早都会面对危机，我们必须处理好。

把感激作为一种转变危机的工具，这可能看起来有点可笑。心爱的人去世了，有什么可感激的？孩子受伤有什么可感激的？

丢掉了理想的工作，有什么可感激的？表面上看来，的确没什么可感激的。但是，当你仔细观察危机的本质时，就会发现感激的确可以发挥至关重要的作用。

危机的双重本质

危机本身既有黑暗的一面，也有光明的一面；俗话说，“黑暗中总有一线光明”。cirsis 的中文词“危机”，就特别清晰地表达了这一双重性；它由两个字组成：“危”意味着“危险”，“机”意味着“机会”。危险是黑暗面，而机会就是那光明的一面。

危险的一面在于，我们可能会在危机中迷失自我，任由危机压倒并摧毁我们。机会在于，你可能会发掘出其中新的或隐藏的特质，发现以前从未考虑过或甚至从未想象过的新的可能性、新的梦想以及新的愿望；我们会像凤凰涅槃般重生，会更加强大，最后更加快乐。

感激在这其中能起什么作用呢？感激可以帮助你度过危机所带来的情感风暴。它可以把你从悲痛的禁锢中解脱出来，并且有助于你建起一座从危险到机会的桥梁。

感激会让你摆脱精神和情绪混乱

当你经历危机时会有什么感觉？震惊，恐慌，害怕，生气，愤怒，抑郁，绝望，焦虑，困惑，恐惧，以及惊恐——这些可能伴随危机而来的情绪会让你心神俱乱，无法集中注意力，看不到出路。通过让你急剧动荡的思维和感受恢复秩序，并让你看到危机中还有其他的可能性，感激会让你平静下来。

你的大脑通过自主神经系统——负责控制和调节内部器官的神经系统部分——持续地发送信息，不需要任何有意识的识别或努力。在危机状态下，你会出现心悸、不规则心跳以及心脏暂停现象。你的心脏活动会产生信号，这些信号会返回大脑并影响你如何认知、如何思考和做决定，以及如何感受。一种混乱的心率会反映为混乱的思维；你将无法清晰地集中注意力并有效思考。

感激可以使你彻底摆脱精神和情绪混乱。在危机来临的时候，要找出一些事情来感激，即使是很小的事情也行。这样你就可以让自己平静下来，恢复清晰的心智。当你处于强烈的消极情绪之中时，你思考和感受的范围非常有限。除了害怕、生气或绝望，你看不到别的。感激能让你回归完整的自己。随着不断地感激，你会重新产生更多的思考和感受，并看到目前的痛苦之外的其他可能性。胡安，一位27岁的感激小组成员，是这样说的：

当哥哥被杀害时，我暴怒了。我记得自己仰天怒吼这是多么不公平，上帝怎么能够允许这样的事情发生呢？我哥哥只有35岁。他在一场混乱的银行抢劫中被枪杀。他只是在排队，像其他所有人一样，等待着出纳员。我变得一团糟，尖叫、大哭、怒吼——这对任何人都没什么好处。

后来，一位邻居对我说：“你哥哥是个好人。他活得不错。”这话让我立刻停止了最初的那种状态。我开始回想哥哥所有好的地方，以及我们在一起是多么快乐。我发现，我可以感激他曾经是个什么样的人，以及他生前曾经给予过我和家人那么多的爱，而不是光抱怨他的死。

这让我多少平静了一些。我还是很伤心，不高兴，但至少我不总是那么暴怒了。而且我发现，随着我渐渐平静下来，我能够帮助我嫂子去做一些事了，就是那些当一个人被那样杀害后所需要做的一切事情。我们开始分享我哥哥的一些故事，谈论我们感激他的地方，而且这帮我嫂子减轻了悲伤。能够对她有所帮助，也让我感觉更好受些了，后来我还找到了帮助我侄子和侄女走出困境的方法。

我不能说感激让我彻底高兴了起来，但它确实使我更容易度过情感的难关，并让我多少能够对别人有所帮助。

当面临危机时，你必须首先处理你的情绪。在强烈的消极情绪中，你无法清晰地思考。在这些情绪未被表达出来之前，你当然无法感激。危险不在于表达出你的情绪，而在于一味沉浸其中。要承认痛苦的情绪。不要为了更快地去感激而假装这些情绪不存在——这是行不通的。

比如，如果你刚刚诊断出患了癌症，要允许自己感到震惊或恐惧。允许这些情绪流过你的身体，用适当和安全的方式表达这些情绪。然后，不要再回到伴随这些情绪而来的想法中，不要在脑海中一直重复并因而强化这些情绪，相反，要尽可能快地问一下自己："好吧，有什么我能珍惜的呢？有什么我能感谢的呢？"你第一个感激的想法，可能是一些诸如"我现在还活着。我可以感激这一点。有生命就有希望。嗯，我可以感激这个"之类的事情。

只要你不再想以前的那些想法，你的恐惧和慌张差不多立刻就会开始减少。要记住，你的想法由你控制！要尽可能坚持感激的想法。从这开始，你将会看到更大一点儿的可能性："我有一位好医生。我可以感激这一点。而且还有别的医生。他们都对癌症做了很多研究。我表姐得过癌症，她治好了。我可以感激这一点。我不是孤身一人；我可以感激这一点。"

渐渐地，一次一个感激的想法，你就能够通过感激使自己摆脱恐惧和慌张，从而形成一种更有效的思考和感受方式。随着你转换成感激的想法和感受，你的心和大脑就实现了同步，你的整个电磁场会变得和谐，并且你会吸引来与这些振动相匹配的经历。

有时候，情绪会自然而然地涌现出来。当发生这种情况时，要允许它们涌现，并恰当、安全地把它们表达出来，然后努力把你的注意力转移到感激的想法上去。要诚实。当你正处于化疗的痛苦中时，如果说"我感激这个癌症"，那就是在撒谎。你永远都不会感激癌症。这没必要。你可以感激开发了化疗的研究人员；化疗已经拯救了那么多人，它同样也可能会彻底治愈你。你可以感激你的身体是多么勇敢、坚决地吸收化疗药物，并使你好转。你可以感激朋友和家人的支持。

不要矫枉过正。如果你觉得护士们对你的态度很差，而且你痛恨大部分的治疗，那就不要说"我感激所有这些极好的医生和护士为我做的一切"。你的那部分不真实的体验，会使你释放出的振动变质。相反，要坚持那些具体的、真实的方面，以保持你感激振动的诚实。如果你所能感激的只有那种"化疗可能会起作用"的希望，那就把注意力集中于这一点。如果这是你的真实想法，那么，这就是你产生的真实振动。振动是永远不会被愚弄的。

运用感激走出不知所措的瘫痪状态

危机通常让人不知所措。太多的事情发生得太快了，或者一些太过强大或未知而无法应对的东西让你感到了威胁。当你不知所措时，你感到无能为力、思维冻结。恐惧、震惊或绝望占了上风。你无法动弹，无法行动，不能有效地做出反应。当你不知所措时，你的注意力狭隘到了极点，你所能看到的只是彻底的灾难。

感激通过赋予你反应的力量，带你走出无助状态，从而帮助你摆脱这种瘫痪性的无法动弹的状态。感激能够一举让你在思想上从无力变得强大。当你在自己身上或某种情形中发现可以珍惜的东西时，你就把自己从不知所措的状态中解脱了出来。你能够看到灾难之外更多的选择，因此你就能采取行动了。你的机能又恢复了。

珍，是一位感激小组成员，她发现危机“把我从我想去的地方扔了出来，并把我击倒了。感激把我带回了那个地方，我需要找回感激并坚持感激。”

彼得·莱文在《唤醒沉睡的老虎：治愈创伤》一书中讲了一个故事，揭示了感激拯救生命的能力。1976 年，在美国加利福尼亚州的乔奇拉，26 个孩子被从校车里绑架了。这些 5 ~ 15 岁的孩子，在一个地下室的两辆黑暗的货车里，被关了大约 30 个小时。他们最后逃了出来，并在一所当地医院接受身体创伤的治疗，但没有得到精神护理。似乎没有人觉得孩子们需要精神护理，甚至连当时咨询的一位专家也说，他认为 26 个孩子中只有一个孩子的精神可能受到了影响。这与当时的精神病学观点是一致的。

八个月后，精神病医生勒诺·特尔博士对这些孩子进行了研究。特尔博士发现了极为相反的影响——那个事件对几乎所有的孩子都有着严重的、长期的心理、医学和社会影响。惟一例外的是一个14岁的男孩鲍勃·巴克莱，他受的影响要小得多。

当支撑屋顶的杆子倒塌，天花板开始向孩子们砸下来的时候，首先做出反应的孩子就是鲍勃，他积极地寻找逃脱的出路；在另一个男孩的帮助下，他挖了一个地道，让所有的孩子从地道中逃了出来。

换言之，鲍伯找到了在当时的情况下有价值的东西、他可以感激的东西，并且利用了这些东西。其他的孩子被马上要降临的死亡吓坏了，看不到别的事情。他们是那么不知所措，以至于必须得催促着才逃出了地道。

鲍伯对当时情况下可能会救命的东西的感激，不仅真的救了所有孩子的性命，而且也由于他恢复了个人效能的意识，从而保持了自己的精神和情感健康。

通过把注意力集中在你拥有的，而不是你没有的东西上；集中在你是什么人，而不是你不是什么人上；集中在你能做的，而不是你不能做的事情上，感激能够帮助你打破无法动弹的状态。感激事实，会让你看到更多的出路，在这些出路中你不是受害者，不是无助无望的。专注于那些你“不是/没有/不能”的情形，会强化你是受害者的那种思维方式。

认识到并感激我们自己的力量，把我们的认知从不能做的事情转变到能做的事情上，会改变我们对恐惧情形的反应能力。2001年9月11日之后的几个星期里，美国人都害怕再次遭受袭击。搭乘飞机的乘客尤其焦虑，害怕致命的袭击会重演。彼得·汉纳福德，一位乘坐联合航空公司航班的乘客，在《华盛顿时报》的一篇文章中，描述了一个人的话语是如何成为催化剂，唤醒乘客们去感激他们自己拥有的强大力量，以保护自己的安全的：

像大部分美国机场一样，上个星期六是丹佛国际机场自9·11恐怖袭击以来恢复正常的第一天。联合航空公司的564次航班的舱门刚刚关闭，飞机即将起飞，这时，机长来到了广播前。

“我想要感谢你们这些勇敢的人，谢谢你们今天出门。我们没有接到任何来自联邦政府的新指令，所以，从现在开始，我们要靠我们自己了。”

乘客们鸦雀无声地听着。机长解释说，机场安全措施已经解决了相当一部分携带武器登机的问题，但是，恐怖分子明显会使用的武器类型，诸如塑料刀具或高级的木制或陶制武器等，却查不出来。

“有时候，一个潜藏的劫机者会宣称他有炸弹。这架飞机上没有炸弹，所以如果有人站出来宣布他有炸弹，不要相信他。如果有人站起来，挥舞着诸如塑料刀具的东西，说‘劫机了’或类似的话，大家应该做的是：每个人都站起来，立刻朝那个人扔东西——枕头、书、杂志、眼镜、鞋子——任何能扔得他失去平衡和分散他注意力的东西。要是他有一两个同伙，就对他们采取同样的做法。最重要的是：拿一条毯子罩住他，然后把他摔倒在地，让他呆在那儿。我们将在最近的机场着陆，有关当局会在那儿接管此事。

“记住，他只有一个人，可能会有几个同伙，但你们有两百人。你们可以制服他们。

“独立宣言说‘我们，人民’，当我们飞行在高空时，情形就是这样的：我们，人民，对想当恐怖分子的人。我认为，我们今天、明天或过一阵子都不会面临这种问题，但今后某个时候如果再次发生这种事的话，我希望你们知道该怎么办。

“现在，鉴于在接下来的几个小时里我们就是一家人了，我想请你向坐在你旁边的人介绍你自己，告诉他们一点关于你的事情，让他们也这么做。”

这个非凡的演讲结束时，乘客们发出了持久的掌声。他让我们对事情有了正确的认识。

不仅如此，那位机长还给乘客们赋予了力量。尽管他从没有用过“感激”这个词，但他却正是在鼓励乘客们这么做：在遇到恐怖袭击的时候，要珍惜和感谢他们可以用的东西（用书、杂志、鞋子以及人数的优势，作为抵抗的武器），而不是只想着得不到的东西（完全的安全感）。

在任何情况下，把注意力转向你可以感激的东西，而不是无法得到的东西，对于把你从不知所措的状态下解放出来，并帮你在危机中找到机会都是至关重要的。

建起从危险到机会的桥梁

在你运用感激帮自己度过了危机的情感风暴和不知所措的状态后，要用它搭建一座从当前的事件——无论是小危机还是大危机——通向各种解决方案、可能性以及机会的桥梁。

比如，假设你在赶往一个重要约会的路上，踩到了一个泥坑，溅脏了自己的衣服——这是个小危机。你首先想到的可能是：“噢，不！我的衣服毁了！我会给别人留下糟糕的印象，而且我也做不成这笔交易了。”不要这样。相反，你要运用感激来吸引自己想要的好结果：“好吧，我的衣服一团糟，但我并没有受伤，而且我的头脑也完好无损。我可以感激这一点。”你可以在这种认识上再进一步：你可以感激每个人都有过踩到泥坑或在去参加会议的路上出现类似意外的经历。你准备去见的那些人，会对你的遭遇感同身受，而且他们不会根据你衣服上的污点来评判你，而是会在意你的能力和才干。他们甚至可能会赞赏你在逆境面前表现出的泰然自若。现在，你就可以运用感激来真正为自己创造机会了！

在感激的心态下，当你站在那里，把泥巴从擦得锃亮的鞋子上抖掉时，要问问自己：“这有什么可以珍惜的？我能找到或创造些什么来感激呢？”你可能会决定在产品介绍中，把自己作为一个活生生的例子，来演示你所销售的服务或产品在诸如此类的情况下是如何帮助人们的。你可能会记得并珍惜自己依然存在的幽默感，为你的潜在客户说起一件趣事，从而使他们更可能接受你。泥坑里甚至都有机会！感激可以帮你找到它。

踩到泥坑是个小危机，而瘫痪就不是小危机了。我们很多人会把十八岁时截瘫、被困在轮椅上，视为绝望的终生监禁。但是，正如诺伊尔·尼尔森（本书作者之一）在《赢家通吃》一书中描述的那样，拉尔夫·霍奇基斯并不这么想。拉尔夫真的感激自己的这种状况，那是一次摩托车事故造成的后果。他认为正是轮椅使自己获得了自由。

拉尔夫现在五十多岁了，他把自己的一生都献给了设计和制造轮椅。他的公司与位于25个国家的33家轮椅制造商开展合作，为致力于一种能够持续改进并且更为灵活便利的轮椅，分享相关的发明创新。在遭遇车祸之后，拉尔夫寻找并发现了能够造福自己和社会大众的机会。通过感激自己能做的事情，以及他从摩托车事故中了解到的东西，拉尔夫在危险和机会之间一步一步地建起了桥梁，并且通向了他现在正在享受的美好未来。

即使面对死亡，感激也可以帮助你创造机会。尼尔森的《赢家通吃》还有一个例子：由于一次驾车枪击案，默特尔·菲伊·朗夫失去了她唯一的儿子，当时35岁的小艾尔·伍腾。亲戚们吵嚷着要报仇，但是，默特尔在危机中看到了机会。她没有复仇，反而选择通过珍惜和感谢能够让孩子们安全成长的事，来给儿子带来荣誉。她在洛杉矶的中南部创建了小艾尔·伍腾遗产中心，可以让年轻人在那里安全地玩耍、学习，而不是去街上闲逛。当钱花光的时候，默特尔卖掉了自己的房子，而不是关闭遗产中心，因为她感激自己所做的努力的价值。她真的相信，通过奉献社区，自己能带来变化。

仅仅用了五年时间，遗产中心就达到了默尔特的期望——成了年轻人的避风港，并且财务状况稳定。对能够为年轻人做些什么的感激，而非对他们有多坏的谴责，让默特尔在儿子死亡的悲剧情形中，看到了能够产生积极结果的机会。

有些危机影响范围更广。社会性的危机会影响到社区，甚至整个国家。感激可以使我们从这种危机所造成的绝望和不知所措的感觉中走出来。2001年9月11日，恐怖分子袭击世贸中心和五角大楼，这是个星期二。我们的感激小组每个星期二晚上开会。震惊之下，我们不知道该做什么。我们还开会吗？还是要取消？我们决定开会，并且把那天的恐怖事件当作一次可以在危机中运用感激的机会。我们认为，如果在悲剧之中感激没有什么帮助的话，那么它就没有多大价值。

小组的成员们神情忧郁，但所有人都来了。在每个人说了自己当天的感受之后，我们问：“在这种可怕的情况下，我们怎样才能运用感激呢？在这场危机中，有什么可以感激的呢？”

当然有一些明显值得感激之处：成员们感激了他们自己的、朋友的以及家人的安全。他们感激了救援人员的勇气和速度，以及幸存者身上发生的奇迹。感激小组发现，对这些明显之处的感激，让他们感到安慰，并激励他们在这黑暗的一天依然抱有希望。

然而，我们想把感激再进一步，而不只是用来安慰自己。我们想用它去积极地吸引一些东西——我们还不知道是什么——来抵制恐怖主义。

首先，我们讨论了恐怖主义的定义：运用恐怖手段来达到一种政治目的，通过恐吓和暴力进行控制和统治。控制或统治的本质，是取消或限制一个人的自由。你想控制一条狗，就用拴狗的皮带套住它，从而限制它的自由。我们控制犯人，是在他们周围建起围墙，限制他们的自由。恐怖主义先用暴力，然后用恐惧，从根本上侵害了我们的自由。对未来暴力的恐惧，使我们在自己周围设起了围墙。我们安装金属探测器，雇佣保安，并设置路障。我们减少旅行，并对陌生人更加谨慎。但是，当你想起振动会导致相似的振动时，你就不愿意沉浸在恐惧中了。

我们没有专注于并扩大恐惧的能量——“还有什么恐怖的事情会降临吗？我们在哪儿都不安全!”——这只能增加恐怖分子对我们的情绪和心理的控制。相反，我们认定，要运用感激来抵制恐怖主义，就要积极地珍惜和感谢自由，不仅仅是我们作为美国人的集体自由，还有我们通常认为理所当然的日常的自由：那种出于任何职业、爱好、兴趣或生活方式而随处走动或参与的自由；那种与邻居观点不同的自由；在任何愿意的时候吃早餐的自由，无论是午夜还是早上十点；和伴侣生一个、五个或不要孩子的自由，或自己生孩子的自由；做一个素食主义者或肉食主义者，或介于两者之间的自由；做清晨祈祷，或慢跑，或在上班路上买杯咖啡的自由。所有这些珍贵的个人自由，才使得我们的生活如此多姿多彩。

由于物以类聚，如果我们发出一种感激日常生活中的自由的强烈振动，就会加强和扩大世界上的总体自由振动。因为你不能同时恐惧和感激，所以你感激的越多，就会越发弱化恐惧的力量，并且你吸引到的令人恐惧的东西就越少。

在接下来的一个星期里，令我们吃惊的是，有那么多的人嘴上经常挂着“感激”这个词。在媒体上接受采访的人们，反复表达了他们对救援人员的勇气和坚持，对国家领导人的坚定，对那些在极端恐怖的情形下打电话通知其他人正在发生的事情并传达爱的信息的人的由衷感激。人们一遍又一遍地谈论他们有多么感激陌生人的善良，他们伸出的援助之手，以及各种收入水平、种族、年龄和性别的美国人所做的强有力的反应。我们还从来没有这么经常地听到人们提及“感激”这个词。

在接下来的那个星期一，9 月 18 日，我们召开了又一次感激小组例会。小组成员们汇报了感激如何影响了他们，或他们在上一周是如何运用感激，逐渐从震惊中摆脱出来，开始恢复的：

“我感激自己有份稳定的工作；有那么多人都失去了工作，或将要因为这件事而失去工作。”

“我感激我们变得这么团结。”

“我一直在感激那个站在洛杉矶国际机场的高架桥上，挥舞着一面巨大的美国国旗的人。他就站在那里，一直挥舞着。我感激有人那样做，而且没有人觉得他疯了，因为我们都知道那意味着什么。”

“看到人们，甚至是平常互相不说话的人，都能相互感激，真是不可思议和神奇。”

“我在想那些坠机事件。我从中学到了保持我个人强烈的振动是多么重要，这样，对于任何即将来临的事情我都能有所准备。我发现感激给我带来了情感上的力量。”

“我发现，我的恐惧一直在为整个的恐怖气场做贡献。如果我能从中脱身，并且注入一些阳光、善意和感激，恐惧和憎恨就会消散。所以，我一直在感激，我知道我能创造出一些更好和更令人满足的东西。”

在所有危机中，感激都能够起作用，无论危机是大是小，是全球性的还是个人的。当危机袭来时，在我们的日常生活中有很多值得珍惜和贴近心灵的东西。在伊拉克战争中，有一个令人心碎的例子。一位海军陆战队队员在一次直升机坠毁中丧生。在接受采访时，他的母亲虽然满怀悲痛，但她强调，重要的是要记住她的儿子做的正是他自己想做的事情，而其他方式则无法实现他的抱负。对事情本身和能够做点什么的感激，有助于我们愈合并继续前行。

第12章

走向充满感激的未来

感激很重要。感激对我们此时此地的生活是重要的，但对于未来呢？如果我们感激现在，对我们的未来意味着什么呢？

我们经历了整个积极思考的年代，结果我们还是缺乏积极的思考。如果人们真的理解了感激的精髓，就会知道它专注的是另外一种东西。首先，它是积极的。我认为，如果积极地运用感激，它能够治愈创伤或战争。它在我自己的生活中的确起到了这样的作用。想象一下，如果有更多的人能够为了共同的目标而感激会是什么情形。效果将会是惊人的。

——金，感激小组成员

当然，关键词是“积极的”。

拉姆·达斯在《付诸行动的悲悯》一书中说，为了让爱成为一剂愈合药，同情必须付诸行动，而不只是蛰伏在人的内心。感激也是如此。当感激上升到意愿和行动的水平时，它就真正能“治愈创伤或战争”。

为什么呢？因为那些珍惜和感谢生命和生活的人，不会寻求限制或控制别人。那些感激生命和生活的人不会寻求摧毁世界。感激的人会尽享生活的欢乐。他们会寻求让世界变成一个更适合自己和他人的地方。

我希望我们能够在更大的范围内运用感激把事情变得更好。如果我们自己努力，学习感激自己和他人，或许我们就能够提高社会的普遍认识。

——芭芭拉，感激小组成员

感激对于我们这个世界的生存和积极的进化是非常重要的，因为正是感激的能力把建设世界的人和摧毁世界的人区分了开来。感激对于世界的和平与繁荣是至关重要的，因为它关系到每个个体的幸福。它是那种把毁灭当做一种解决方法的“摧毁”型思维的对立面。

由于2001年9·11事件突然唤醒了我们对生命的珍惜，我们整个民族都重新发现了感激。

感激对于我们所有人来说，都是一种强有力的思想和有用的工具；这不是从那种旧的“感谢你已经拥有的”意义上来说的，而是说感激让人重新认识到了生活是一次多么美妙的机会。感激我们自己和他人，感激我们对生命的热爱之处，感激自由，所有这些只会造福我们和这个世界。我们似乎正在朝这个方向前进，而且全球性的创伤愈合由此才能开始。

——丹，感激小组成员

我们不能回到那种旧的“我赢，你输”的模式。我们已经认识到，从全球意义上讲，每个人都是互相关联的：影响一个国家的政治和经济制度的因素，也会扩展到其他所有国家。“团结则存”已不再仅仅适合于美国。相反，“团结则存”必须成为我们整个星球和人类生存的新基础。

感激……是埋藏在杂草之中的郁金香的根，只要能得到哪怕一点关注，它就会成长、繁殖。感激开辟了通往美好未来的道路，而其他方式则无法做到。这会对世界产生巨大的影响，无论是政治方面，还是环境方面，都会使这个星球对于其所有居民更加安全。

——特丽莎，感激小组成员

如果我们的世界最终得以生存，那将是因为我们学会了为了共同的和各自的利益互相合作。最好的合作是基于感激的合作，而非基于恐惧的合作。如果你一边想着，“我必须拿到所有我能拿到的，因为我害怕不这样的话，你就会拿走一部分我需要的”，一边去谈判，那就等于振动上的自杀。当我们心怀感激——“我珍惜和感激你是谁以及你争取你所需要的东西的权利，就如同我珍惜和感激我是谁以及我争取我所需要的东西的权利”——走向谈判桌的时候，会建立完全不同的振动。

现在我解决矛盾的方式跟以前不同了。当我让自己停下来，感激这个人有他自认为合理的观点时，我连呼吸都更顺畅了。争斗的冲动开始消散。

——桑迪，感激小组成员

不论有何分歧，我们越是学着相互感激，就越可能实现世界和平；而世界和平真的是我们各自国内真正和平的惟一途径。

我们将从这里走向何方呢？感激我们自己，感激我们的生命。让感激洋溢在我们周围，以提升世界的振动，哪怕一次只影响一个灵魂，也能为人类赋予希望。这是一种让世界真正持久繁荣的方式。

我有一个梦想。我们都抛开杂念，让感激充满我们的生命：
心灵的闸门会打开，
天使开始歌唱，
上帝的使者开始欢呼，
爱会统驭地球。

——简，感激小组成员

确实如此。

附录A　感激者密码

1. 感激是一种振动。感激是一种力量。感激是一种能量。
2. 你是一个振动的人。你会释放振动频率。
3. 你的振动主要由你的想法和感受组成。
4. 你怎么想和怎么感受，影响着你如何体验生活。
5. 你可以选择怎么想。思想能够改变你的感受。
6. 任何东西，只要你关注，它就会成长。
7. 当你感激一件事或一个人的时候，你就把自己与那个事或人从振动上匹配了起来。
8. 当你把自己和一件事匹配起来的时候，你更能把它吸引向你（物以类聚），并扩展你对它的体验。
9. 你无法与和你不吻合的情形匹配。也就是说，你不能在心怀恨意的同时匹配到爱。
10. 你不必等到有人先来感激你，你再去感激别人。

附录 B　创建感激小组

怎样才能找到志趣相投的人，共同探索感激如何让你的生活更美好呢？在哪里才能找到这些人，分享彼此在感激过程中遇到的挑战、经历和建议呢？

各种类型的互助支持小组几乎都有——随便举几个例子，像戒酒互助小组，戒除过度依赖互助小组，戒除暴食互助小组，麻醉药物滥用者互助协会等等。但是你找不到“感激互助小组”或“感恩集会”。

现在你能找到了。我们创建了一个互助支持小组，我们就把它叫做“感激小组”，在这里，人们可以与志趣相投的人——在这种情况下，是与同样感激的人——交流，从中获益。

任何人都可以建立和组织一个感激小组。只需要几个人，愿意经常聚会，通常一周一次，在一个安全的环境里，分享他们的想法、感受，以及感激的经历。

你还需要一个聚会的地方和一个愿意领导这个小组的人。不必非是治疗师或专业医护人员才能领导小组；任何人都可以。领导者不是去分析、诊断或提供治疗的。这不是一个治疗小组，而是一个互助支持小组。而且，小组也不必只有一个领导者；小组成员可以轮流担任领导者，如果这样更适合该小组的话。

在小组组建之后，需要讨论一下你们希望小组是开放式的还是封闭式的。封闭式小组的成员是固定的，因此只有这些成员能参加活动；然而，一般来讲，互助支持小组都是开放式的，也就是说新成员随时都可以加入。开放式和封闭式小组都是可以的。然而，还是组织一个开放式小组比较好，可以让新成员读这本书，以便他们能清楚地了解小组的关注点。不论是开放式还是封闭式的支持小组，通常都没有时限，也就是说，只要成员愿意，小组可以一直继续下去。

感激小组会议的流程

一个会议的流程应该包括以下程序：

信息给予

小组领导者朗读本书中的一段或两段内容，以便为当天的讨论做好铺垫。小组领导者可以按顺序朗读本书中的段落（这样随着时间的推移，可以把整本书读完），或者可以选择当时小组感兴趣的一个主题。例如，如果一名小组成员希望改善或转变自己生活中的爱情婚姻关系，小组领导者可以选择朗读第 6 章的相关段落。如果小组成员对感激的科学一面更感兴趣，小组领导者便可以确定，描述感激的振动本质的那一章更适合那个星期的会议。

选择朗读的内容，应该始终基于小组成员最关心的议题。但这并不意味着如果小组大部分成员都在为工作问题头痛，只有一两个人正面临危机，小组领导者就应该只关注工作问题。小组领导者必须关注所有成员的需要和愿望，并要设法满足，即使有时候这意味着你要说，“下周我们再深入地讨论危机问题。”

作为信息给予的一部分，小组领导者应该帮成员们确定生活中的哪个方面或哪个具体问题是他们希望通过感激来改善、转变或吸引的。每个成员应该致力于至少一个关心的问题，小组领导者应该追踪每个成员的“感激工作进度”。

分享经历

分享经历可能是会议最重要的程序了。首先要分享所阅读的材料。小组领导者要就所阅读的内容邀请成员们进行讨论，尤其是针对成员们运用感激时的总体障碍，以及根据所阅读的内容理解或运用感激时可能预见到的阻碍和困难。领导者要鼓励成员们分享与阅读内容有关的任何经历。

然后，除了分享阅读内容中的信息，小组成员还可以分享各自在上一个星期里的感激经历，并根据每个人选择的具体的感激专注点，分享自己的“感激工作进度”的进展（或没有做到的地方）。要鼓励成员们一起讨论，建议一些运用感激的方式，并就学习更好地运用感激的各种细节进行交流、互动。

小组领导者的职能主要是一个协助者的角色，他或她不应该把自己设定为问题“解决者”的角色，他或她也不必是最懂感激的人。小组领导者应该帮助成员们保持好方向，始终围绕着感激以及感激如何发挥效用，而不是转移话题，用其他的方式帮助他们解决各自的问题。领导者还应该是计时员，确保每个人都有发言的时间。

建议下一步应该做什么

在分享经历之后，每个成员都应该承诺在下个星期里要致力于感激哪个具体方面。可以是他们目前“感激工作进度”的继续，或是新的东西。如果一位成员没什么想法，领导者或其他人应该提供建议。然而，始终都应该由那位成员来决定要致力于感激什么。这是一个支持小组，不是课堂。

这就是基本的程序。小组领导者和成员还可以通过其他许多方式来扩展小组的活动，比如记小组日记，记下成员们对感激的成功运用，或是运用感激去实现小组的一个共同目标。在信息给予阅读之外，还可以朗读并讨论其他作者关于增进和支持感激的书籍。我们组织了一些为期一天的培训研讨会，帮助人们成功地创建和运行感激小组，培训研讨会上讨论了这些话题以及无数其他话题。